Vor 170 Jahren erschien das »Kommunistische Manifest« von Karl Marx und Friedrich Engels. Heute ist es die bekannteste Darstellung des Kommunismus und in über 100 Sprachen übersetzt. Doch das ist lange her. Wie aktuell ist es?
Der bekannte Philosoph Slavoj Žižek befragt das Manifest auf seine Bedeutung für heute, untersucht die wichtigsten marxistischen Begriffe, wertet, was heute noch wichtig ist und wovon man sich verabschieden muss. Sein Befund: Das »Manifest« ist immer noch aktuell – aber anders, als wir denken.
Die vorliegen Ausgabe umfasst den Originaltext von Marx und Engels mit allen Vorworten sowie den Text von Slavoj Žižek.

Karl Marx (1818–1883) war ein deutscher Philosoph, Ökonom, Journalist, Kritiker der bürgerlichen Gesellschaft und der Religion. Marx war der geistige Wegbereiter des Sozialismus, zusammen mit Friedrich Engels wurde er zum einflussreichsten Theoretiker des Sozialismus und Kommunismus. Bis heute werden seine Theorien kontrovers diskutiert.

Friedrich Engels (1820–1895) war Philosoph, Historiker, Journalist und Baumwollfabrikant. In England, wo er seine kaufmännische Ausbildung abschließen sollte, sah er die elenden Lebensbedingungen der Arbeiter, was ihn in Kontakt mit der Arbeiterbewegung brachte. Nach der Rückkehr nach Deutschland begann er die Zusammenarbeit mit Karl Marx an der Entwicklung des Kommunismus. Nach der Märzrevolution 1848/49 emigrierte er nach London, wo er nach Marx' Tod dessen Manuskripte herausgab.

Slavoj Žižek, geboren 1949, ist Philosoph, Psychoanalytiker und Kulturkritiker. Er lehrt Philosophie an der Universität von Ljubljana in Slowenien und an der European Graduate School in Saas-Fee und ist derzeit International Director am Birkbeck Institute for the Humanities in London. Seine zahlreichen Bücher sind in über 20 Sprachen übersetzt. Im S. Fischer Verlag sind zuletzt erschienen »Was ist ein Ereignis?« (2014) und »Das Jahr der gefährlichen Träume« (2013).

Weitere Informationen finden Sie auf www.fischerverlage.de

Friedrich Engels
Karl Marx
Slavoj Žižek

Das Kommunistische Manifest.

Die verspätete Aktualität des Kommunistischen Manifests

Aus dem Englischen
von Karen Genschow

FISCHER Taschenbuch

3. Auflage: Dezember 2018

Originalausgabe

Erschienen bei FISCHER Taschenbuch
Frankfurt am Main, März 2018

© 2018 S. Fischer Verlag GmbH, Hedderichstr. 114,
D-60596 Frankfurt am Main

Gesamtherstellung: CPI books GmbH, Leck
Printed in Germany
ISBN 978-3-596-70241-1

Inhalt

Slavoj Žižek
Die verspätete Aktualität
des Kommunistischen Manifests 7

Karl Marx / Friedrich Engels
Manifest der Kommunistischen Partei 59

I. Vorrede zur deutschen Ausgabe von 1872 ... 61
   Vorrede zu deutschen Ausgabe von 1883 64
   Vorrede zur englischen Ausgabe von 1888 66
   Vorrede zur deutschen Ausgabe von 1890 75
   Vorrede zur polnischen Ausgabe von 1892 84
   Vorrede zur italienischen Ausgabe von 1893 .. 87

II. Manifest der Kommunistischen Partei 91

III. Die Grundsätze des Kommunismus (1847) .. 147
    Kölner Flugblatt von 1848 178

Slavoj Žižek
Die verspätete Aktualität des Kommunistischen Manifests

Das Ende naht ... nur nicht so, wie wir dachten

Es gibt einen köstlichen alten sowjetischen Witz über Radio Eriwan: Ein Hörer fragt: »Stimmt es, dass Rabinowitsch ein neues Auto im Lotto gewonnen hat?« Der Sprecher antwortet: »Im Prinzip ja, aber es war kein neues Auto, sondern ein altes Fahrrad, und er hat es nicht gewonnen, sondern es wurde ihm gestohlen.« Gilt nicht genau das Gleiche für das *Kommunistische Manifest*? Fragen wir Radio Eriwan: »Ist dieser Text noch aktuell?« Die Antwort können wir erraten: Im Prinzip ja, er beschreibt wunderbar den verrückten Tanz kapitalistischer Dynamik, die ihren Höhepunkt gerade jetzt erst erreicht, mehr als eineinhalb Jahrhunderte später, aber ...

Gerald A. Cohen hat die vier Merkmale des klassisch marxistischen Begriffs der Arbeiterklasse so gefasst: 1. Sie bildet die Mehrheit der Gesellschaft; 2. sie produziert den Wohlstand der Gesellschaft; 3. sie besteht aus den ausgebeuteten Mitgliedern der Gesellschaft; 4. ihre Mitglieder sind die bedürftigen Menschen der Gesellschaft.[1] Wenn man diese vier Merkmale kombiniert, ergeben sich daraus zwei weitere: 5. Die Arbeiterklasse hat in der Revolution nichts zu verlieren; 6. sie kann und wird sich für die revolutionäre Umwälzung der Gesellschaft einsetzen. Keines dieser ersten vier Merkmale trifft heute auf die Arbeiterklasse zu, weshalb die Merkmale 5 und 6 sich nicht ergeben können. (Selbst wenn einige Merkmale noch auf Teile der heutigen Gesellschaft zutreffen, treten sie sie nicht mehr bei einem sozialen Akteur gemeinsam auf: Die bedürftigen Menschen in der Gesellschaft sind nicht mehr die Arbeiter etc.).

So zutreffend diese Aufzählung sein mag, sie sollte durch eine systematische theoretische Herleitung ergänzt werden: Für Marx folgen die Merkmale alle aus der grundlegenden Position eines Arbeiters, der nichts als seine Arbeitskraft zu verkaufen hat. Als solche sind Arbeiter qua Definition ausgebeutet; mit der fortschreitenden Expansion des Kapitalismus bilden sie die Mehrheit, die auch den Wohlstand produziert usw. Wie können wir dann eine revolutionäre Perspektive unter heutigen Bedingungen neu definieren? Ist der Ausweg aus dieser Zwangslage die Kombinatorik verschiedener Antagonismen, ihre potentielle Überlappung? Aber – um es in Laclaus Begriffen zu formulieren – wie kann man eine Äquivalenzkette bilden, die von klassischen Proletariern, dem Prekariat, Arbeitslosen, Flüchtlingen bis zu sexuellen Minderheiten und unterdrückten ethnischen Gruppen etc. reicht?

Ein guter Ausgangspunkt besteht darin, dem alten marxistischen Weg zu folgen und den Fokus von der Politik auf die Anzeichen von Postkapitalismus zu richten, die innerhalb des globalen Kapitalismus selbst erkennbar werden – und wir müssen uns nicht groß umschauen, öffentliche Figuren, die ein perfektes Beispiel für die Privatisierung unserer Gemeingüter darstellen, sollten uns eine Warnung sein: Elon Musk, Bill Gates, Jeff Bezos, Mark Zuckerberg, allesamt »gesellschaftlich bewusste« Milliardäre. Sie stehen für das globale Kapital in seiner verführerischsten und »progressivsten«, kurz, seiner gefährlichsten Variante. (In einer Rede vor Harvard-Absolventen im Mai 2017 sagte Zuckerberg seinem Publikum: »Unser Job ist es, einen Sinn für Zweckhaftigkeit zu schaffen!« – und das von einem Mann, der mit Facebook eines der weltweit größten Instrumente zur zweckfreien Zeitvernichtung geschaffen hat.) Sie alle, von Zuckerberg bis Gates und Musk, warnen davor, dass der »Kapitalismus, wie wir ihn kennen«, seinem Ende nah ist, und setzen sich für Gegenmaßnahmen wie das Grundeinkommen ein. Man fühlt sich hier unweigerlich an einen bekannten jüdischen Witz erinnert, den Freud zitiert: »Warum sagst du mir, dass du nach Lemberg fährst, wenn du tatsächlich nach Lemberg fährst?« Die Lüge nimmt hier die Form einer faktischen Wahrheit an: Die beiden Freunde hatten den unausgesprochenen Code vereinbart, dass man, wenn man nach Lemberg fährt, sagt, man ginge nach Krakau und umgekehrt, und innerhalb dieses Codes bedeutet die buchstäbliche Wahrheit folglich eine Lüge. Gilt nicht dasselbe auch für Zuckerberg, Musk und andere falsche Propheten des Endes des Kapitalismus? Wir sollten ihnen schlicht antworten: »Warum erzählt ihr uns, dass der Kapitalismus an sein Ende kommt, wenn

der Kapitalismus tatsächlich an sein Ende kommt?«
Kurz, ihre Fassung vom Ende des Kapitalismus ist die
kapitalistische Fassung seines eigenen Endes, wo sich
alles ändert, damit die grundlegende Herrschaftsstruktur gleich bleiben kann …

Seriöser ist das Auftauchen dessen, was Jeremy Rifkin
»collaborative commons« (»Kollaboratives Gemeingut«,
CC) nennt, ein neuer Produktions- und Tauschmodus,
der Privatbesitz und Markt überwindet: In diesem Modell speisen die Individuen ihre Produkte gratis in den
Kreislauf ein. Diese emanzipatorische Dimension des
CC muss man natürlich im Kontext der Entstehung des
sogenannten »Internets der Dinge« (Internet of Things –
IoT) verorten, in Kombination mit einem anderen Ergebnis der heutigen Entwicklung der Produktivkräfte,
der explosiven Zunahme der »Null-Grenzkosten«
(immer mehr Produkte, nicht nur Information, können
ohne zusätzliche Kosten reproduziert werden). Das Internet der Dinge ist das Netzwerk für physische Apparate, Transportmittel, Gebäude oder andere Objekte, die
mit Elektronik, Software, Sensoren, Aktoren (Antriebselementen) und Netzwerkverbindungen ausgestattet
sind, die diese Objekte befähigen, Daten zu speichern
und auszutauschen; es ermöglicht, Objekte über existierende Netzwerkstrukturen aufzuspüren und fernzusteuern und damit mehr Möglichkeiten für die direkte
Integration der physischen Welt in computerbasierte
Systeme zu schaffen, woraus Effizienzsteigerung, Fehlerfreiheit und wirtschaftlicher Profit erwachsen. Wenn
das Internet der Dinge mit Sensoren und Aktoren ver-

stärkt wird, wird die Technologie ein Fall der allgemeineren Klasse cyber-physischer Systeme, die auch Technologien wie intelligente Stromnetze, smarte Häuser, intelligente Transportmittel und smarte Städte umfasst. Jedes Ding ist durch sein eingebettetes Computersystem eindeutig identifizierbar und in der Lage, innerhalb der existierenden Internet-Infrastruktur zu interagieren. Von der Verbindung dieser eingebetteten Apparate (einschließlich smarter Objekte) wird erwartet, dass sie die Automatisierung in nahezu allen Feldern voranbringt, während sie auch fortgeschrittene Applikationen wie ein intelligentes Stromnetz ermöglicht und sich auf Felder wie smarte Städte ausdehnen kann. »Dinge« können sich auch auf eine große Bandbreite von Apparaten beziehen wie Implantate zur Überwachung des Herzens, Biochip-Transponder in der Tierhaltung, hydro-elektrische Staudämme in Küstengewässern, Autos mit eingebauten Sensoren und DNA-Analyse-Geräte zur Überwachung von Umwelt/Lebensmitteln/Krankheitserregern. Diese Apparate sammeln mit Hilfe verschiedener existierender Technologien nützliche Daten und übertragen diese Daten dann automatisch auf andere Apparate. Menschen sind ebenfalls »Dinge«, deren Zustände und Aktivitäten ohne deren Wissen kontinuierlich aufgezeichnet und übertragen werden: Alle ihre körperlichen Bewegungen, Finanztransaktionen, ihre Gesundheit, ihre Ess- und Trinkgewohnheiten, was sie kaufen und verkaufen, was sie lesen, sehen und hören, wird in digitalen Netzwerken gesammelt, die sie besser kennen als sie sich selbst.

Die Aussicht auf das »Internet der Dinge« scheint uns

dazu zu zwingen, Hölderlins berühmte Zeile »Aber wo Gefahr ist, wächst das Rettende auch« umzudrehen in: »Aber wo das Rettende ist, wächst die Gefahr auch.« Der »rettende« Aspekt wurde im Detail von Jeremy Rifkin beschrieben, der behauptet, dass zum ersten Mal in der Geschichte der Menschheit ein Weg zur Überwindung des Kapitalismus sichtbar wird als aktuelle Tendenz gesellschaftlicher Produktion und gesellschaftlichen Austauschs (das Wachstum kooperativer Gemeingüter), so dass das Ende des Kapitalismus am Horizont erscheint. Die krudeste marxistische Hypothese scheint damit wieder rehabilitiert zu sein: Die Entwicklung neuer Produktionskräfte macht die kapitalistischen Beziehungen obsolet. Die äußerste Ironie liegt darin, dass die Kommunisten heutzutage die besten Manager des Kapitalismus sind (China, Vietnam), während die entwickelten kapitalistischen Länder weiter in Richtung kollaborative oder kooperative Gemeingüter gehen, um den Kapitalismus zu überwinden.

Doch das führt zu neuen Gefahren, selbst wenn wir unberechtigte Bedenken wie die Idee unberücksichtigt lassen, dass das Internet der Dinge die Arbeitslosigkeit ansteigen lässt (ist diese »Bedrohung« nicht ein guter Grund dafür, die Produktion zu reorganisieren, damit die Arbeiter weniger arbeiten müssen? Kurz, ist dieses »Problem« nicht seine eigene Lösung?) Auf der konkreten Ebene der sozialen Organisation ist die Bedrohung eine klar erkennbare Tendenz des staatlichen und privaten Sektors, die Kontrolle über die kooperativen Gemeingüter wieder zu gewinnen: Private Kontakte werden von Facebook privatisiert, Software von Microsoft, die Internetsuche von Google ... Um diese neuen Formen der Privatisierung zu verstehen, sollte man Marx' Begriffsapparat kritisch reformieren: Weil er die soziale Dimension des »general intellect« (der kollektiven Intelligenz einer Gesellschaft) vernachlässigt hat, konnte er sich *die Privatisierung des »general intellect« selbst* nicht vorstellen – das ist es, was im Zentrum des Kampfes um »geistiges Eigentum« liegt. Toni Negri hat hier recht: Innerhalb diese Rahmens ist Ausbeutung im klassischen marxistischen Sinn nicht mehr möglich – weshalb er in zunehmendem Maße durch direkte gesetzgeberische Maßnahmen verstärkt werden muss, das heißt durch nichtökonomische Kräfte. Deshalb nimmt heutzutage Ausbeutung zunehmend die Form der Rente an: Wie Carlo Vercellone es ausdrückt, ist der postindustrielle Kapitalismus durch das »Rente-Werden des Profits«[2] gekennzeichnet. Und daher braucht man direkte Weisungsbefugnis: um die (willkürlichen) rechtlichen Bedingungen durchzusetzen, Rente zu erwirtschaften – Bedingungen, die nicht mehr »spontan« vom Markt hervorgebracht werden. Vielleicht beruht der fundamentale »Widerspruch« des heutigen »postmodernen« Kapitalismus darin: Weil seine Logik deregulatorisch ist, »antistaatlich«, nomadisch/deterriorialisierend usw., verdeutlicht seine zentrale Tendenz zum »Rente-Werden des Profits« die verstärkte Rolle des Staates, dessen (nicht nur) regulatorische Funktion immer allgegenwärtiger wird. Die dynamische Deterritorialisierung koexistiert mit und beruht zunehmend auf autoritären Eingriffen des Staates und dessen rechtlichen und anderen Systemen. Am Horizont unserer historischen Entwicklung kann man daher eine Gesellschaft erkennen, in der persönlicher Libertarismus und Hedonismus mit einem komplexen Geflecht regulatorischer staatlicher Mechanismen koexistieren (und von ihnen gestützt werden). Der Staat ist weit davon entfernt, zu verschwinden, er wird heutzutage immer stärker.

Wenn, wegen der zentralen Rolle des »general intellect« (Wissen und soziale Kooperation) bei der Schaffung von Reichtum, die Formen des Reichtums zunehmend »in keinem Verhältnis steh[en] zur unmittelbaren Arbeitszeit, die ihre Produktion kostet«, ist das Ergebnis nicht, wie Marx anscheinend erwartet hat, die Selbstauflösung des Kapitalismus, sondern die schrittweise und relative Transformation des Profits, der durch die Ausbeutung von Arbeit gewonnen wird, in Rente, die durch die Privatisierung des »general intellect« angeeignet wird.

Nehmen wir das Beispiel von Bill Gates: Wie ist er zum reichsten Mann der Welt geworden? Sein Reichtum hat nichts mit den Produktionskosten der Produkte zu tun, die Microsoft verkauft (man könnte sogar behaupten, dass Microsoft seinen Geistesarbeitern einen vergleichsweise hohen Lohn zahlt), das heißt, Gates' Reichtum ist nicht Ergebnis seines Erfolgs in der Herstellung guter Software für geringere Preise als seine Konkurrenten oder größerer »Ausbeutung« seiner angestellten Geistesarbeiter. Wenn das der Fall gewesen wäre, dann wäre Microsoft schon vor langer Zeit bankrott gegangen: Die Leute hätten sich scharenweise für Programme wie Linux entschieden, die umsonst sind und, nach der Meinung von Spezialisten, von besserer Qualität als die Microsoft-Programme. Warum kaufen aber dann immer noch Millionen Menschen Microsoft? Weil Microsoft sich als fast universaler Standard etabliert und das Feld (beinahe) monopolisiert hat, als eine Art direkter Verkörperung des »general intellect«. Gates wurde in wenigen Jahrzehnten der reichste Mann durch Aneignung der Rente, indem er Millionen von Geistesarbeitern gestattete, an der neuen Form des »general intellect« teilzuhaben, den er privatisiert hat und kontrolliert. Stimmt es dann, dass die Geistesarbeiter von heute nicht mehr länger von den objektiven Bedingungen ihrer Arbeit abgeschnitten sind (ihr PC gehört ihnen usw.), wie Marx' Beschreibung der kapitalistischen »Entfremdung« lautet? Ja, aber viel grundlegender: nein! Sie sind vom sozialen Feld ihrer Arbeit abgeschnitten, von einem »general intellect«, der nicht durch privates Kapital vermittelt ist.

Welche Geister suchen uns heute heim?

All diese Paradoxa des zeitgenössischen globalen Kapitalismus konfrontieren uns auf neue Weise mit der Frage nach der Geisterhaftigkeit, nach den Geistern, die uns in unserer besonderen historischen Situation heimsuchen. Der berühmteste Geist, der in den letzten 150 Jahre herumspukte, war kein Gespenst der Vergangenheit, sondern der Geist der (revolutionären) Zukunft – derjenige aus dem ersten Satz des *Kommunistischen Manifests*. Die automatische Reaktion des aufgeklärten liberalen Lesers von heute ist: Liegt der Text bei so vielen empirischen Fakten in Bezug auf das Bild der sozialen Situation sowie auf die revolutionäre Perspektive, die er stützt und propagiert, einfach falsch? Gab es je ein politisches Manifest, das so deutlich von der nachfolgenden historischen Realität widerlegt worden ist? Ist das *Manifest* nicht bestenfalls die übertriebene Extrapolation bestimmter Tendenzen, die man im 19. Jahrhundert ausmachen kann? Doch nähern wir uns dem *Manifest* von entgegengesetzter Seite aus: Wo leben wir *heute*, in unserer globalen »Post-«Gesellschaft (postmodern, postindustriell)? Der Slogan, der sich immer stärker aufdrängt, ist der der »Globalisierung«: das brutale Aufzwingen eines einheitlichen Weltmarkts, der alle lokalen ethnischen Traditionen bedroht inklusive die Form des Nationalstaats. Ist aber im Hinblick auf diese Situation die Beschreibung des sozialen Einflusses der Bourgeoisie, die man im *Manifest* findet, nicht aktueller denn je?

»Die Bourgeoisie kann nicht existieren, ohne die Produktionsinstrumente, also die Produktionsverhältnisse, also sämtliche gesellschaftlichen Verhältnisse fortwährend zu revolutionieren. Unveränderte Beibehaltung der alten Produktionsweise war dagegen die erste Existenzbedingung aller früheren industriellen Klassen. Die fortwährende Umwälzung der Produktion, die ununterbrochene Erschütterung aller gesellschaftlichen Zustände, die ewige Unsicherheit und Bewegung zeichnet die Bourgeoisepoche vor allen anderen aus. Alle festen eingerosteten Verhältnisse mit ihrem Gefolge von altehrwürdigen Vorstellungen und Anschauungen werden aufgelöst, alle neugebildeten veralten, ehe sie verknöchern können. Alles Ständische und Stehende verdampft, alles Heilige wird entweiht, und die Menschen sind endlich gezwungen, ihre Lebensstellung, ihre gegenseitigen Beziehungen mit nüchternen Augen anzusehen.

Das Bedürfnis nach einem stets ausgedehnteren Absatz für ihre Produkte jagt die Bourgeoisie über die ganze Erdkugel. Überall muß sie sich einnisten, überall anbauen, überall Verbindungen herstellen. Die Bourgeoisie hat durch ihre Exploitation des Weltmarkts die Produktion und Konsumption aller Länder kosmopolitisch gestaltet. Sie hat zum großen Bedauern der Reaktionäre den nationalen Boden der Industrie unter den Füßen weggezogen. Die uralten nationalen Industrien sind vernichtet worden und werden noch täglich vernichtet. Sie werden verdrängt durch neue Industrien, deren Einführung eine Lebensfrage für alle zivilisierten Nationen wird, durch Industrien, die nicht mehr einheimische Rohstoffe, sondern den entlegensten Zonen angehörige Rohstoffe verarbeiten und deren Fabrikate nicht nur im Lande selbst, sondern in allen Weltteilen zugleich verbraucht werden. An die Stelle der alten, durch Landeserzeugnisse befriedigten Bedürfnisse treten neue, welche die Produkte der entferntesten Länder und Klimate zu ihrer Befriedigung erheischen. An die Stelle der alten lokalen und nationalen Selbstgenügsamkeit und Abgeschlossenheit tritt ein allseitiger Verkehr, eine allseitige Abhängigkeit der Nationen voneinander. Und wie in der materiellen, so auch in der geistigen Produktion. Die geistigen Erzeugnisse der einzelnen Nationen werden Gemeingut. Die nationale Einseitigkeit und Beschränktheit wird mehr und mehr unmöglich, und aus den vielen nationalen und lokalen Literaturen bildet sich eine Weltliteratur.«[3]

Beschreibt das nicht mehr denn je unsere heutige Realität? Die Autos von Toyota werden zu 60 Prozent in den USA gefertigt, die Hollywood-Kultur dringt noch in die entferntesten Winkel des Globus ... Und gilt das Gleiche nicht für alle Formen ethnischer und sexueller Identität? Sollten wir nicht Marx' Formulierung dahingehend ergänzen, dass auch die sexuelle »Einseitigkeit und Beschränktheit mehr und mehr unmöglich« wird und dass in Bezug auf Sexualpraktiken »alles Ständische und Stehende verdampft, alles Heilige entweiht wird«, so dass der Kapitalismus dazu neigt, die normative Standardheterosexualität durch eine Wucherung von instabilen und wechselnden Identitäten und/oder Orientierungen zu ersetzen? Das Feiern von »Minderheiten« und »Marginalisierten« heutzutage *ist* die Position der herrschenden Mehrheit – sogar Anhänger der Alt-Right-Bewegung, die sich über den Terror der liberalen politischen Korrektheit beschweren, stellen sich als Schutzpatrone einer gefährdeten Minderheit dar. Oder die Kritiker des Patriarchats, die dagegen kämpfen, als ob das Patriarchat noch eine hegemoniale Position darstellen würde, und die nicht zur Kenntnis nehmen, was Marx und Engels vor mehr als 150 Jahren im ersten Kapitel des *Kommunistischen Manifests* geschrieben haben: »Die Bourgeoisie, wo sie zur Herrschaft gekommen, hat alle feudalen, *patriarchalischen*, idyllischen Verhältnisse zerstört.« – Das wird immer noch von solchen linken Kultur-Theoretikern ignoriert, die ihre Kritik auf die patriarchale Ideologie und Praxis richten. Sollten wir uns nicht langsam fragen, warum die Kritik am patriarchalen »Phallogozentrismus« usw. genau in dem historischen Moment – nämlich unserem – zu einer zentralen Zielscheibe geworden ist, als das Patriarchat endgültig seine hegemoniale Rolle eingebüßt hat, als es in wachsendem Maße durch den Marktindividualismus der Rechte beiseitegefegt wurde? Was wird aus den patriarchalen Familienwerten, wenn ein Kind seine Eltern wegen Vernachlässigung und Missbrauch verklagen kann, das heißt wenn Familie und Elternschaft *de iure* auf einen zeitgebundenen und auflösbaren Vertrag zwischen Individuen reduziert werden? (Zufällig war sich Freud dessen nicht weniger bewusst: Der Niedergang des ödipalen Modells der Sozialisierung war für ihn die historische Bedingung für den Aufstieg der Psychoanalyse.) Anders gesagt, *die Kritik, dass die Ideologie des Patriarchats heutzutage immer noch die vorherrschende Ideologie darstellt, ist heutzutage die vorherrschende Ideologie* – ihre Funktion für uns besteht darin, die Sackgasse der hedonistischen sexuellen Freizügigkeit zu vermeiden, die tatsächlich vorherrschend ist.

Marx selbst unterschätzte mitunter diese Fähigkeit des Kapitalismus, den transgressiven Druck, der ihn bedroht, aufzunehmen. So behauptete er in seiner Analyse des damaligen amerikanischen Bürgerkriegs, dass, weil die englische Textilindustrie als Rückgrat des Industriesystems nicht ohne die Versorgung mit billiger Baumwolle aus dem amerikanischen Süden überleben könne, die nur durch Sklavenarbeit möglich sei, England zur direkten Intervention gezwungen sei, um die Abschaffung der Sklaverei zu verhindern. – Stimmt, diese globale Dynamik, die alles Stehende und Ständische verdampfen lässt, ist unsere Realität – unter der Bedingung, dass wir nicht vergessen, das Bild aus dem *Manifest* durch sein inhärentes dialektisches Gegenteil zu ergänzen, der »Vergeisterung« ebenjenes materiellen Produktionsprozesses. Während der Kapitalismus die Macht der alten traditionellen Geister aufhebt, bringt er seine eigenen monströsen Geister hervor. Das heißt, dass der Kapitalismus die radikale Säkularisierung des Soziallebens nach sich zieht – er zerfetzt gnadenlos jegliche Aura authentischer Vornehmheit, Heiligkeit, Ehre usw.:

»Sie hat die heiligen Schauer der frommen Schwärmerei, der ritterlichen Begeisterung, der spießbürgerlichen Wehmut in dem eiskalten Wasser egoistischer Berechnung ertränkt. Sie hat die persönliche Würde in den Tauschwert aufgelöst und an die Stelle der zahllosen verbrieften und wohlerworbenen Freiheiten die eine gewissenlose Handelsfreiheit gesetzt. Sie hat, mit einem Wort, an die Stelle der mit religiösen und politischen Illusionen verhüllten Ausbeutung die offene, unverschämte, direkte, dürre Ausbeutung gesetzt.«[4]

An diesem Punkt erreichen wir die höchste Ironie dessen, wie Ideologie heutzutage funktioniert – sie erscheint genau als ihr Gegenteil, als radikale Kritik ideologischer Utopien. Die vorherrschende Ideologie heute ist keine positive Vision irgendeiner utopischen Zukunft, sondern eine zynische Resignation, ein Akzeptieren, »wie die Welt wirklich ist«, begleitet von einer Warnung, dass, wenn wir (zu viel) ändern wollen, nur totalitärer Schrecken folgen würde. Jegliche Vorstellung einer anderen Welt wird als Ideologie verworfen. Alain Badiou hat das wunderbar und präzise benannt: Die Hauptfunktion ideologischer Zensur besteht heute nicht darin, tatsächlichen Widerstand zu brechen – das ist der Job der repressiven Staatsapparate –, sondern die Hoffnung zu zerstören und jedes kritische Projekt sofort als Einschlagen eines Wegs zu denunzieren, an dessen Ende so etwas wie der Gulag liegt. Das hatte Tony Blair im Sinn, als er neulich fragte: »Ist es möglich, eine Politik dessen zu definieren, was ich post-ideologisch nennen würde?«[5]

In ihrer traditionellen Form dreht Ideologie die bekannte Wendung »Du musst schon blöd sein, um das nicht zu sehen!« um in: Du musst blöd sein, um – was zu sehen? Das ergänzende ideologische Element, das einer wirren Situation Bedeutung verleiht. Beim Antisemitismus zum Beispiel muss man (blöd genug sein, um zu) sehen, dass »der Jude« der geheime Akteur ist, der im Verborgenen die Strippen zieht und das soziale Leben kontrolliert.

Heute jedoch behauptet die herrschende Ideologie der Alternativlosigkeit in ihrem überwiegend zynischen Funktionieren, dass »man schon blöd sein muss, um das zu sehen« – was? Die Hoffnung auf einen radikalen Wandel.

Die fundamentale Lektion der »Kritik der politischen Ökonomie«, die Marx in den Jahren nach dem *Manifest* ausgearbeitet hat, lautet jedoch, dass diese Reduktion der himmlischen Schimären auf die brutale ökonomische Realität eine Geisterhaftigkeit ganz eigener Art erschafft – das ist der Kern des »epistemologischen Bruchs« von Marx, der mit den Manuskripten zum *Grundriss* beginnt und seinen letzten Ausdruck im *Kapital* findet. Vergleichen wir den Ausgangspunkt des *Kapitals* mit demjenigen im ersten Teil der *Deutschen Ideologie*, Marx' detailliertester Darstellung seiner frühen Ansichten (und die in der Periode verfasst worden ist, zu der auch das *Manifest* zählt). In dem, was als eine offensichtliche direkte Bezugnahme auf den »wirklichen Lebensprozess« als Gegenteil ideologischer Phantasmagorien dargestellt wird, herrscht unhistorische Ideologie in Reinform:

»Die Voraussetzungen, mit denen wir beginnen, sind keine willkürlichen, keine Dogmen, es sind wirkliche Voraussetzungen, von denen man nur in der Einbildung abstrahieren kann. Es sind die wirklichen Individuen, ihre Aktion und ihre materiellen Lebensbedingungen, sowohl die vorgefundenen wie die durch ihre eigne Aktion erzeugten. Diese Voraussetzungen sind also auf rein empirischem Wege konstatierbar.

[...] Man kann die Menschen durch das Bewußtsein, durch die Religion, durch was man sonst will, von den Tieren unterscheiden. Sie selbst fangen an, sich von den Tieren zu unterscheiden, sobald sie anfangen, ihre Lebensmittel zu produzieren, ein Schritt, der durch ihre körperliche Organisation bedingt ist. Indem die Menschen ihre Lebensmittel produzieren, produzieren sie indirekt ihr materielles Leben selbst.«[6]
Diese materialistische Herangehensweise wird dann aggressiv der idealistischen Mystifizierung entgegengesetzt:
»Ganz im Gegensatz zur deutschen Philosophie, welche vom Himmel auf die Erde herabsteigt, wird hier von der Erde zum Himmel gestiegen. D.h., es wird nicht ausgegangen von dem, was die Menschen sagen, sich einbilden, sich vorstellen, auch nicht von den gesagten, gedachten, eingebildeten, vorgestellten Menschen, um davon aus bei den leibhaftigen Menschen anzukommen; es wird von den wirklich tätigen Menschen ausgegangen und aus ihrem wirklichen Lebensprozeß auch die Entwicklung der ideologischen Reflexe und Echos dieses Lebensprozesses dargestellt. Auch die Nebelbildungen im Gehirn der Menschen sind notwendige Sublimate ihres materiellen, empirisch konstatierbaren und an materielle Voraussetzungen geknüpften Lebensprozesses. Die Moral, Religion, Metaphysik und sonstige Ideologie und die ihnen entsprechenden Bewußtseinsformen behalten hiermit nicht länger den Schein der Selbständigkeit. Sie haben keine Geschichte, sie haben keine Entwicklung,

sondern die ihre materielle Produktion und ihren materiellen Verkehr entwickelnden Menschen ändern mit dieser ihrer Wirklichkeit auch ihr Denken und die Produkte ihres Denkens. Nicht das Bewußtsein bestimmt das Leben, sondern das Leben bestimmt das Bewußtsein.«[7]

Diese Haltung kulminiert in dem urkomisch-aggressiven Vergleich: Philosophie ist verglichen mit dem Studium des wirklichen Lebens wie Masturbation verglichen mit dem echten Sexualakt: Mit seiner Problematik des »Warenfetischismus« hat Marx eine Phantasmagorie/Illusion entdeckt, die nicht einfach als Sekundärreflexion verworfen werden kann, weil sie im innersten Zentrum des »wirklichen Produktionsprozesses« wirksam ist. Betrachten wir den Anfang des Unterkapitels über Warenfetischismus im *Kapital*:

»Eine Ware scheint auf den ersten Blick ein selbstverständliches, triviales Ding. Ihre Analyse ergibt, daß sie ein sehr vertracktes Ding ist, voll metaphysischer Spitzfindigkeit und theologischer Mucken.«[8]

Marx behauptet hier nicht in der üblichen »marxistischen« Art der *Deutschen Ideologie*, dass eine kritische Analyse darlegen sollte, wie eine Ware – die als ein mysteriöses theologisches Ding erscheint – aus dem »gewöhnlichen« realen Lebensprozesses entstehen kann; er behauptet im Gegenteil, dass die Aufgabe einer kritischen Analyse darin bestehe, die »metaphysischen Spitzfindigkeiten und theologischen Mucken« in demjenigen zutage zu fördern, was auf den ersten Blick wie ein gewöhnlicher Gegenstand aussieht. Der Warenfetischismus (unser Glaube, dass Waren magische Objekte und mit einer innewohnenden metaphysischen Macht begabt seien) hat seinen Sitz nicht in unserem Geist, in der Art, wie wir die Realität (falsch) wahrnehmen, sondern in unserer sozialen Wirklichkeit. (Man beachte die strikte Homologie zu Lacans Begriff der Phantasie als konstitutiv für jeden »realen« Sexualakt: Für Lacan *ist* unser »normaler« Sexualakt genau »Masturbation mit einem realen Partner«, das heißt, in diesem Akt beziehen wir uns nicht auf den realen Anderen, sondern auf den Anderen als auf das Phantasie-Objekt reduziert – wir begehren den Andern, insoweit er/sie zu den Koordinaten der Phantasie passt, die unser Begehren strukturieren.) Dadurch schließt sich der Kreis: Wenn Marx von der Prämisse ausgeht, dass die Kritik der Religion der Anfang aller Kritik ist, und dann zur Kritik der Philosophie übergeht, zur Kritik des Staats usw. und bei der Kritik der politischen Ökonomie endet, hat ihn diese letzte Kritik wieder an seinen Ausgangspunkt zurückgebracht, den »religiösen«-metaphysischen Moment, der im Innersten der »irdischsten« ökonomischen Aktivität am Werk ist.

Fiktives Kapital und die Wiederkehr der persönlichen Unterdrückung

Diese geisterhafte Dimension, die von Marx selbst unterschätzt wurde, gestattet uns, die historische Sackgasse des Marxismus zu erklären: Dessen Fehler bestand nicht nur darin, auf die Vorstellung einer finalen Krise des Kapitalismus zu bauen und deshalb nicht erfassen zu können, wie der Kapitalismus aus jeder Krise gestärkt hervorging. Ein viel tragischerer Fehler steckt hier im klassischen Marxismus, der in klaren Begriffen von Wolfgang Streeck beschrieben wird – der Marxismus hatte mit der »finalen Krise« recht, wir geraten heute ganz klar in diese hinein, doch die finale Krise ist nur das: ein verlängerter Prozess des Zerfalls und der Desintegration, ohne Hegel'sche Aufhebung in Sicht, ohne Akteur, der diesem Zerfall eine positive Wendung verleihen und ihn in einen Übergang zu einer Art höheren Ebene sozialer Organisation verwandeln kann:

»Es ist ein marxistisches – oder besser: modernistisches – Vorurteil, dass der Kapitalismus als historische Erscheinung nur dann enden könne, wenn eine neue, bessere Gesellschaft in Sicht ist – und mit ihr ein revolutionäres Subjekt, bereit und in der Lage, diese um des Fortschritts der Menschheit willen zu verwirklichen. Diese Annahme setzt ein Maß an politischer Kontrolle über unser gemeinsames Schicksal voraus, von dem wir nicht einmal mehr träumen können, seit die neoliberal-globalistische Revolution die Fähigkeit zu kollektivem Handeln, ja selbst die Hoffnung darauf, zerstört hat.«[9]

Streeck listet verschiedene Zeichen dieses Zerfalls auf: geringere Profitrate, Anstieg von Korruption und Gewalt, Finanzialisierung (Profite aus Finanztransaktionen, die sich parasitär zur Wertproduktion verhalten). Das Paradox der Wirtschaftspolitik von den USA und der EU besteht darin, dass es mit dem gigantischen Einspeisen von Geld nicht gelingt, die Produktion anzukurbeln, da das Geld hauptsächlich in den Operationen des fiktiven Kapitals verschwindet. Daher sollte man die Standardinterpretation des liberalen Hayekismus für die explodierenden Schulden zurückweisen (die Kosten des Wohlfahrtstaates): Die Zahlen zeigen ganz klar, dass der Großteil davon das Finanzkapital und dessen Profite nährt. In die gleiche Richtung argumentiert Rebecca Carson[10] und legt dar, wie die Finanzialisierung des Kapitals (wo der höchste Profit in M-M' generiert wird, ohne Umweg über die Verwertung der Arbeitskraft, die Mehrwert produziert) paradoxerweise zur Wiederkehr der direkten persönlichen Herrschaftsbeziehungen führt; paradoxerweise, da M-M' (wie Marx betont hat) das Kapital in seiner unpersönlichsten und abstraktesten Form ist. Es ist ganz zentral, dass man hier die Verbindung dreier Elemente versteht: fiktives Kapital, persönliche Herrschaftsbeziehung und soziale Reproduktion (von Arbeitskraft). Die Finanzspekulationen finden vor dem Faktum (der Wertsteigerung) statt: Sie bestehen meist aus Kreditoperationen und spekulativen Investments, bei denen noch kein Geld in die Produktion gesteckt worden ist. Kredit bedeutet Schulden, daher ist das Subjekt oder der Träger dieser Operation (nicht nur Individuen, sondern Banken und Institutionen, die Geld verwalten) in diesen Prozess nicht als Subjekt nur der Wertform involviert, sondern ebenfalls Kreditgeber und Schuldner, so dass auch sie Subjekt einer anderen Machtbeziehung sind, die nicht auf der abstrakten Herrschaft der Kommodifizierung beruht:

> »Daher hat die spezielle Machtbeziehung, die in der Kreditoperation involviert ist, eine persönliche Abhängigkeitsdimension (Kreditgeber-Schuld), die sie von einer abstrakten Beherrschung unterscheidet. Diese persönliche Machtbeziehung entsteht jedoch durch genau den Austauchvorgang, der von Marx abstrakt als völlig unpersönlich und formal beschrieben wird, da die Sozialbeziehungen der Kreditoperationen auf den Sozialbeziehungen der Wertform beruhen würden. Das Phänomen persönlicher Abhängigkeitsformen, das durch die Suspension der Verwertung durch fiktives Kapital in den Vordergrund rückt, bedeutet nicht, dass abstrakte Herrschaftsformen keine Rolle spielen würden.«[11]

Es könnte so scheinen, als sei die Machtdynamik, die dem fiktiven Kapital innewohnt, keine klare Dichotomie zwischen Akteuren: Während die persönlichen Herrschaftsbeziehungen per definitionem auf der Ebene direkter Interaktion auftauchen, sind Kreditgeber hauptsächlich Banken und Hedgefonds, die auf zukünftige Produktion spekulieren, und keine Individuen. Und werden die Operationen des fiktiven Kapitals nicht im Endeffekt immer häufiger ohne direkte Interventionen durchgeführt, das heißt durch Computer, die ihre Programme ausführen? Trotzdem müssen diese Operationen irgendwie wieder in persönliche Beziehungen rückübersetzt werden, und *dort* erscheinen sie dann als persönliche Herrschaftsbeziehungen.

Wer nicht der direkten Kommodifizierung unterworfen wird, sondern eine wesentliche Rolle in der Reproduktion der Arbeitskraft spielt, wird ebenfalls von der wachsenden Abhängigkeit von der zukünftigen Verwertung erfasst, die angeblich durch die Zirkulation fiktiven Kapitals eröffnet wird: Fiktives Kapital wird durch die Erwartung aufrechterhalten, dass die Verwertung in der Zukunft stattfinden wird, so dass die Reproduktion der Arbeitskraft unter Druck gerät und diejenigen, die gegenwärtig nicht arbeiten, in Zukunft dazu bereit sind. Deshalb ist das Thema der Bildung heutzutage so wichtig (in seiner produktiv-technokratischen Version: fit für den kompetitiven Arbeitsmarkt werden), und deshalb ist es mit Schulden verbunden (ein Student verschuldet sich, um seine Ausbildung zu bezahlen, und von dieser Schuld wird erwartet, dass sie durch Selbst-Kommodifizierung zurückgezahlt werden kann, das heißt wenn der verschuldete Student einen Job bekommt). Bildung taucht auch als eines der Hauptthemen im Zusammenhang mit der Frage auf, wie man mit Flüchtlingen umgeht – wie man sie in nützliche Arbeitskraft verwandelt.

Da in unserer Gesellschaft die freie Wahl zu einem fundamentalen Wert erhoben worden ist, können soziale Kontrolle und Herrschaft nicht mehr länger so verstanden werden, als ob sie die Freiheit des Individuums verletzen würden – sie muss daher als ebenjene Selbsterfahrung der Individuen als frei erscheinen (und dadurch gestützt werden). Es gibt eine Vielzahl an Formen, wie diese Unfreiheit im Gewand ihres Gegenteils erscheint: Wenn wir keine allgemeine Krankenversicherung haben, sagt man uns, dass wir nun eine neue Form der Wahlfreiheit hätten (und unseren Versicherer auswählen könnten), wenn wir uns nicht mehr auf unbefristete Stellen verlassen können und dazu gezwungen werden, alle paar Jahre eine neue prekäre Stelle zu suchen, dann sagt man uns, dass wir eine neue Möglichkeit hätten, uns selbst neu zu erfinden und unentdeckte kreative Potentiale zu entdecken, die in unserer Persönlichkeit geschlummert hätten; wenn wir für die Ausbildung unsrer Kinder zahlen müssen, sagt man uns, dass wir »Unternehmer unser selbst« werden und wie Kapitalisten handelten, die frei wählen, wie sie ihre eigenen (oder geborgten) Mittel investieren möchten – in Bildung, Gesundheit, Reisen ... Unter dem konstanten Bombardement von erzwungenen »freien Wahlmöglichkeiten« und dazu genötigt, Entscheidungen zu treffen, für die wir meistens nicht ausreichend qualifiziert sind (oder zu denen wir über nicht genügend Information verfügen), erfahren wir unsere Freiheit zunehmend als dasjenige, was sie tatsächlich ist: eine Last, die uns um die wahre Wahl einer Veränderung bringt. Die bürgerliche Gesellschaft verdeckt ganz allgemein Kasten und andere Hierarchien, macht alle Individuen als Marktsubjekte gleich, die nur durch

Klassenunterschiede getrennt sind. Doch der heutige Spätkapitalismus mit seiner Ideologie der »Spontaneität« versucht die Klassenunterschiede selbst zu tilgen, indem er uns alle als »Unternehmer unseres selbst« und unsere Unterschiede als lediglich quantitativer Natur verkündet (ein Großkapitalist leiht sich Hunderte von Millionen für seine Investition, ein armer Arbeiter einige tausend für seine Zusatzausbildung). Das Ergebnis sind andere Unterteilungen und Hierarchien: Experten und Laien, Staatsbürger und Ausgeschlossene, religiöse, sexuelle und andere Minderheiten. Alle diese Gruppen der noch nicht in den Prozess der Verwertung Inkludierten bis zu den Flüchtlingen und den Staatsbürgern der »Schurkenstaaten« unterliegen daher in zunehmendem Maße Formen der persönlichen Herrschaftsbeziehung, von der Organisation der Flüchtlingslager bis zur juristischen Kontrolle aller potentiellen Gesetzesbrecher – einer Herrschaftsbeziehung, die dazu neigt, ein menschliches Antlitz anzunehmen (wie die Sozialdienste, die dazu gedacht sind, die reibungslose »Integration« der Flüchtlinge in unsere Gesellschaften zu erleichtern).

Die Grenzen der Verwertung

All diese Verwicklungen zwingen uns zum Überdenken der sogenannten Arbeitswerttheorie, die man auf keinen Fall als Behauptung verstehen sollte, dass man den Tausch oder seine Rolle bei der Entstehung von Wert als bloßen Schein verwerfen sollte, der die zentrale Tatsache verschleiere, dass Arbeit der Ursprung von Wert sei. Die Entstehung von Wert sollte man eher als Vermittlungsprozess auffassen, durch den der Wert seinen Gebrauchswert *ist* Mehrwert über Gebrauchswert »abwirft«. Das allgemeine Äquivalent zum Gebrauchswert *musste* seines Gebrauchswerts beraubt werden, es musste als reine Potentialität des Gebrauchswerts funktionieren. Essenz ist Erscheinung als Erscheinung: Wert ist Tauschwert *als* Tauschwert, oder, wie Marx es in einem Manuskript mit Änderungen zur ersten Ausgabe des *Kapitals* ausdrückte:

> »Die Reduction der verschiednen konkreten Privatarbeiten auf dieses Abstractum gleicher menschlicher Arbeit vollzieht sich nur durch den Austausch, welcher Producte verschiedner Arbeiten thatsächlich einander gleichsetzt.«[12]

»Abstrakte Arbeit« ist mit anderen Worten eine Wertbeziehung, die sich selbst nur im Austausch erschafft, sie ist nicht die substantielle Eigenschaft einer Ware unabhängig von ihrer Beziehung zu anderen Waren. Für orthodoxe Marxisten ist ein solcher »relationaler« Wertbegriff bereits ein Kompromiss mit der »bürgerlichen« politischen Ökonomie, den sie als »Geldwerttheorie« verwerfen – es ist jedoch ein Paradox, dass genau diese »orthodoxen Marxisten« ihrerseits gewissermaßen auf den »bürgerlichen« Wertbegriff zurückgreifen: Sie verstehen den Wert als der Ware immanent, als ihre Eigenschaft, und naturalisieren auf diese Weise ihre »gespenstige Gegenständlichkeit«, die die fetischisierte Erscheinung ihres sozialen Charakters ist.

Wir haben es hier nicht mit bloßen theoretischen Nettigkeiten zu tun – die präzise Bestimmung des Status des Geldes hat wichtige politisch-ökonomische Konsequenzen. Wenn wir Geld als sekundäre Ausdrucksform des Werts begreifen, der »an sich« vor seinem Ausdruck existiert – das heißt wenn Geld für uns lediglich eine sekundäre Quelle ist, ein praktisches Mittel, das den Austausch leichter macht –, dann ist die Tür für die Illusion geöffnet, der die linken Anhänger von Ricardo unterlegen sind, dass es möglich sei, Geld durch simple Scheine zu ersetzen, die die Summe an Arbeit bezeichnen, welche ihre Inhaber geleistet haben, und die ihnen das Recht auf den entsprechenden Anteil am Sozialprodukt verleihen – als ob man mittels dieses direkten »Arbeitsgelds« all den »Fetischismus« vermeiden und sicherstellen könnte, dass jedem Arbeiter sein »voller Wert« ausbezahlt würde. Die Pointe von Marx' Analyse besteht darin, dass ein solches Projekt die formalen Bestimmungen des Geldes ignoriert, die Fetischismus zu einem notwendigen Effekt machen. Wenn Marx mit anderen Worten den Tauschwert als Erscheinungsmodus von Wert definiert, sollte man hier das ganze hegelianische Gewicht der Opposition von Wesen und Erscheinung mobilisieren: Das Wesen existiert nur insofern es erscheint, es existiert nicht vor seiner Erscheinung. Auf gleiche Weise ist der Wert einer Ware keine intrinsische substantielle Eigenschaft, die unabhängig von ihrer Erscheinung im Tausch existiert.

Daher sollten wir auch alle Versuche unterlassen, den Wert auszuweiten, damit alle Arten von Arbeit als eine

Quelle für Wert anerkannt werden – erinnern wir uns an die große feministische Forderung aus den 1970er Jahren, Hausarbeit (vom Kochen über das Führen des Haushalts bis zur Kindererziehung) als wertschöpfend zu legalisieren, oder die Forderungen von Öko-Kapitalisten, die »freien Gaben der Natur« in die Wertproduktion zu integrieren (indem man versucht, die Kosten von Wasser, Luft, Wäldern und anderer Gemeingüter zu beziffern). All diese Vorschläge sind »nichts anderes als eine ausgeklügelte Reinwaschung und Kommodifizierung eines Raums, von dem aus ein heftiger Angriff auf die Hegemonie der kapitalistischen Produktionsweise und ihrer (und unserer) entfremdeten Beziehung zur Natur ausgehen kann« (David Harvey). In ihrem Versuch, »gerecht« zu sein und Ausbeutung zu beseitigen oder zumindest einzuschränken, verstärken solche Versuche eine sogar noch größere allumfassende Kommodifizierung. Obwohl sie auf der Ebene des Inhalts (was als Wert zählt) »gerecht« zu bleiben versuchen, gelingt es ihnen nicht, die *Form* der Kommodifizierung zu problematisieren, und Harvey hat mit seinem Vorschlag recht, den Wert stattdessen in dialektischer Spannung zum Nicht-Wert zu behandeln, das heißt Bereiche geltend zu machen und auszuweiten, die in ihrer zentralen Rolle nicht in der Produktion von (Markt-)Wert erfasst werden (wie Hausarbeit oder »freie« kulturelle oder wissenschaftliche Arbeit). Wertproduktion kann nur gedeihen, wenn sie ihre immanente Negation mit einschließt; die kreative Arbeit, die keinen (Markt-)Wert schafft, verhält sich per definitionem parasitär zu ihr. Anstatt also Ausnahmen zu kommodifizieren und sie in den Verwertungsprozess mit einzubeziehen, sollte man sie draußen lassen und den Rahmen zerstören, der ihren Status in Bezug auf die Verwertung herabsetzt. Das Problem mit fiktivem Kapital ist nicht, dass es außerhalb der Verwertung steht, sondern dass es parasitär zur Fiktion zukünftiger Verwertung bleibt.

Eine weitere Herausforderung für die Marktwirtschaft kommt von der explodierenden Virtualisierung des Geldes, die uns dazu zwingt, das marxistische Standardthema der »Verdinglichung« und des »Warenfetischismus« von Grund auf neu zu formulieren, da diese Themen immer noch auf dem Begriff des Fetischs als festen Objekts beruhen, dessen stabile Präsenz seine soziale Vermittlung verschleiert. Paradoxerweise erreicht der Fetischismus seinen Höhepunkt genau dann, wenn der Fetisch selbst »entmaterialisiert« ist, in eine flüssige »immaterielle« Entität verwandelt wird. Der Geldfetischismus wird seine Kulmination im Übergang zu seiner elektronischen Form finden, wenn noch die letzten Spuren seiner Materialität verschwinden werden – elektronisches Geld ist die dritte Form des Geldes, nach der »realen«, die seinen Wert direkt verkörpert (Gold, Silber), und dem Papiergeld, das, auch wenn es ein »bloßes Zeichen« ohne intrinsischen Wert ist, immer noch an seiner materiellen Existenz hängt. Nur in diesem Stadium, wenn Geld ein rein virtueller Bezugspunkt wird, nimmt es schließlich die Form einer unzerstörbaren gespenstischen Präsenz an: Ich schulde dir tausend Dollar, und egal, wie viele materielle Banknoten ich verbrenne, ich schulde dir immer noch tausend Dollar; die Schuld ist irgendwo im virtuellen digitalen Raum eingeschrieben. Nur durch diese gründliche »Entmaterialisierung« erlangt Marx' berühmte These aus dem *Kommunistischen Manifest*, derzufolge im Kapitalismus »Alles Ständische und Stehende verdampft«, eine viel wörtlichere Bedeutung als diejenige, die Marx im Sinn hatte, wenn nicht nur die materielle soziale Realität durch die gespenstische/spekulative Bewegung des Kapitals beherrscht wird, sondern wenn diese Realität selbst zunehmend »zum Gespenst gemacht« wird (das »protäische Selbst« anstelle des alten selbstidentischen Subjekts, die flüchtige Flüssigkeit seiner Erfahrungen anstelle der Stabilität der Gegenstände im Besitz), kurz: Wenn die übliche Beziehung zwischen festen materiellen Objekten und flüssigen Ideen ins Gegenteil verkehrt wird (die Objekte werden zunehmend in flüssige Erfahrungen aufgelöst, während die einzig stabilen Dinge die virtuellen symbolischen Verpflichtungen sind) – nur an diesem Punkt wird dasjenige verwirklicht, was Derrida den gespenstischen Aspekt des Kapitals genannt hat.

Wie immer im Fall eines echten dialektischen Prozess enthält eine solche »Gespenst-Werdung« den Keim für ihr Gegenteil, für ihre Selbst-Negation: die unerwartete Wiederkehr direkter persönlicher Herrschaftsbeziehungen. Während der Kapitalismus sich selbst als dasjenige Wirtschaftssystem legitimiert, das persönliche Freiheit (als Bedingungen für den Tausch auf dem Markt) impliziert und vorantreibt, brachte seine eigene Dynamik eine Renaissance der Sklaverei mit sich. Obwohl die Sklaverei gegen Ende des Mittelalters fast ausgerottet war, explodierte sie in den europäischen Kolonien wieder in der Zeit der Frühmoderne bis zum amerikanischen Bürgerkrieg. Man kann daher die Hypothese riskieren, dass heute mit der Epoche des globalen Kapitalismus ebenfalls eine neue Ära der Sklaverei aufkommen wird. Auch wenn es keinen direkten legalen Status einer versklavte Person gibt, nimmt die Sklaverei eine Vielzahl von neuen Formen an: Millionen von Immigrantenarbeitern auf der arabischen Halbinsel ohne grundlegende Bürgerrechte und Freiheiten; totale Überwachung von Millionen von Arbeitern in asiatischen Sweatshops, die oft wie Konzentrationslager organisiert sind; der massive Einsatz von Zwangsarbeit bei der Ausbeutung natürlicher Ressourcen in vielen afrikanischen Staaten (wie z.B. dem Kongo usw.). Wir müssen jedoch gar nicht so weit auf diese Länder schauen. Am 1. Dezember 2013 brannte eine Kleiderfabrik mit chinesischen Besitzern in einem Industriegebiet in der italienischen Stadt Prato nieder, die zehn Kilometer von Florenz entfernt ist, worauf sieben Arbeiter starben, die im Gebäude gefangen waren und die unter sklavenähnlichen Bedingungen dort lebten und arbeiteten. Wir können uns also nicht den Luxus erlauben, auf das elende Leben neuer Sklaven weit weg in den Außenbezirken von Shanghai (oder Dubai oder Katar) zu schauen und heuchlerisch diese Länder kritisieren. Sklaverei kann es auch hier, in unserem Haus geben, wir sehen sie nur nicht – oder tun so, als sehen wir sie nicht. Diese neue Apartheid, diese systematische Explosion der Anzahl verschiedener Formen von de facto-Sklaverei, ist kein beklagenswerter Unfall, sondern die strukturelle Notwendigkeit des heutigen globalen Kapitalismus.

Unfreiheit im Gewand der Freiheit

Das *Kommunistische Manifest* ist dann am aktuellsten, wenn es verschiedene Formen von falschem Sozialismus aufzählt: Wenn das, was gerade in China vor sich geht, als »kapitalistischer Sozialismus« charakterisiert werden kann, was soll man dann mit fundamentalistischen Bewegungen wie Boko Haram machen? Aus der Perspektive eines traditionellen Lebens in der Gemeinschaft ist weibliche Bildung ein zentrales Element der verheerenden Wirkungen der westlichen Modernisierung: Sie »befreit« die Frauen aus den Familienbanden und bildet sie aus, damit sie Teil der billigen Arbeitskraft in der Dritten Welt werden. Der Kampf gegen die Bildung von Frauen ist daher eine neue Form dessen, was Marx und Engels im *Kommunistischen Manifest* »feudaler Sozialismus« nennen, die Ablehnung der kapitalistischen Moderne im Namen traditioneller gemeinschaftlicher Lebensformen.

Ein anderes einschlägiges Beispiel des *Kommunistischen Manifests* ist die Reihe von Antworten auf den bürgerlichen Vorwurf an die Kommunisten (»Ihr wollt das Eigentum abschaffen!«, »Ihr wollt die Ehe abschaffen!«), die einer präzisen hegelianischen Logik der dialektischen *Aufhebung* folgt. Man sollte hier das *Kommunistische Manifest* parallel zu den Werken zweier anderer

Künstler aus der gleichen Zeit lesen: Heinrich Heine (von dem Marx und Engels so manche Formulierung geborgt haben) und Richard Wagner (den der frühen »revolutionären« Periode). Die gleiche Einsicht wurde nämlich schon von Heinrich Heine in seiner Schrift *Zur Geschichte der Religion und Philosophie in Deutschland* von 1834 formuliert, allerdings als eine positive und bewundernswerte Tatsache: »Dieses merkt Euch, Ihr stolzen Männer der That. Ihr seyd nichts als unbewußte Handlanger der Gedankenmänner, die oft in demüthigster Stille Euch all Euer Thun aufs Bestimmteste vorgezeichnet haben.«[13] Kulturkonservative würden das heutzutage so ausdrücken, dass dekonstruktive Philosophen viel gefährlicher als die aktuellen Terroristen seien: Während Letztere unsere politisch-ethische Ordnung untergraben wollten, um ihre eigene religiöse-ethische Ordnung zu errichten, würden die Dekonstruktivisten die Ordnung als solche untergraben:

»Wir behaupten, daß der gefährlichste Verbrecher unter den Gebildeten zu suchen ist. Wir behaupten, daß der gefährlichste Verbrecher heutzutage der völlig gesetzlose moderne Philosoph ist. Im Vergleich mit ihm sind Einbrecher und Bigamisten im Grunde moralische Menschen. Drum bin ich auf sie besonders aus. Sie haben sich ein Ideal von Menschen gebildet, aber es ist ein falsches. Diebe respektieren das Eigentum, sie möchten nur alles Eigentum zu ihrem Eigentum machen, um es dann noch mehr zu respektieren. Philosophen hingegen verschmähen das Eigentum an sich, sie möchten den Gedanken eines persönlichen

Besitzers überhaupt aus der Welt schaffen. Bigamisten respektieren die Ehe, sonst würden sie sich nicht der höchst feierlichen, ja sogar kirchlichen Formalität der Ehe unterziehen. Philosophen dagegen verachten die Ehe an sich. Mörder respektieren das menschliche Leben, sie erstreben nur eine größere Fülle menschlichen Lebens in sich selbst, indem sie das, was ihnen weniger lebenswert erscheint, opfern. Philosophen hingegen hassen das Leben als solches, ihr eigenes sowohl als das der anderen. […] Der gewöhnliche Verbrecher ist ein schlechter Mann, doch ist er wenigstens sozusagen ein bedingt guter Mann. Er sagt, er sei, sobald nur irgendein bestimmtes Hindernis entfernt sei – nehmen wir zum Beispiel an: ein reicher Onkel – bereit, das Weltall zu bejahen und Gott zu preisen. Er ist ein Reformer, aber kein Anarchist. Er will das Haus säubern, aber nicht zerstören. Allein der gemeingefährliche Philosoph begnügt sich nicht damit, die Dinge zu ändern, er will sie vernichten.«[14]

Diese provokante Analyse beweist Chestertons Beschränkung, dass er nicht hegelianisch genug ist: Er begreift nicht, *dass das (ver)allgemeine(rte) Verbrechen nicht mehr länger ein Verbrechen ist – es hebt (negiert/überwindet) das Verbrechen an sich auf und verwandelt es von einer Überschreitung in eine neue Ordnung.* Er hat mit seiner Behauptung recht, dass Einbrecher und Bigamisten und sogar Mörder, verglichen mit den »völlig gesetzlosen« Philosophen, tatsächlich moralisch sind: Ein Einbrecher ist ein »moralischer Mensch«, er lehnt Eigentum nicht an sich ab, er möchte nur mehr davon für sich selbst und ist anschließend bereit, es zu respektieren. Die Schlussfolgerung, die man jedoch ziehen muss, lautet, *dass das Verbrechen an sich »moralisch« ist*, dass es lediglich eine punktuelle illegale Reorganisation der globalen moralischen Ordnung verlangt, die selbst intakt bleiben soll. Und man sollte in wahrem hegelianischem Geist diese Behauptung (der »wesenhaften Moralität« des Verbrechens) zu ihrer immanenten Aufhebung treiben: Das Verbrechen ist nicht nur »wesenhaft moralisch« (auf Hegelianisch: ein inhärenter Moment der Entfaltung der inneren Antagonismen und »Widersprüche« des Begriffs der moralischen Ordnung selbst, nicht etwas, das als ein zufälliger Eingriff von außen die moralische Ordnung stören würde). Moralität *an sich ist wesenhaft kriminell* – noch einmal: nicht nur in dem Sinn, dass die universelle moralische Ordnung notwendigerweise »sich selbst« in partikularen Verbrechen »negiert«, sondern viel radikaler in dem Sinn, dass die Art und Weise, in der Moralität (im Fall von Diebstahl oder Eigentum) sich Geltung verschafft, bereits ein Verbrechen an sich ist – »Eigentum *ist* Diebstahl«, wie man im 19. Jahrhundert zu sagen pflegte. Das heißt, dass man vom Diebstahl als besondere kriminelle Verletzung der universellen Form von Eigentum zu dieser Form als kriminelle Verletzung selbst übergehen muss: Chesterton entgeht, dass das »universalisierte Verbrechen«, das er auf die »gesetzlose moderne Philosophie« und ihr philosophisches Äquivalent projiziert, die »anarchistische« Bewegung, die darauf abzielt, die Gesamtheit des zivilisierten Lebens zu zerstören, *bereits im*

Gewand der herrschenden Rechtsstaatlichkeit existiert, so dass der Antagonismus zwischen Gesetz und Verbrechen sich als dem Verbrechen inhärent erweist, als Antagonismus zwischen universalem und partikularem Verbrechen. Dieser Punkt wurde von keinem anderen als Richard Wagner betont, der in seinem Schauspiel *Jesus von Nazareth*, das er irgendwann zwischen 1848 und dem frühen 1849 geschrieben hat, Jesus eine Reihe von alternativen Ergänzungen der Zehn Gebote zuschreibt:

»Das Gebot sagt: du sollst nicht ehebrechen! ich aber sage euch: ihr sollt nicht freien ohne Liebe. Eine Ehe ohne Liebe ist gebrochen, als sie geschlossen ward, und wer freite ohne Liebe, der brach die Ehe. So ihr meine Gebot [sic] befolgt, wie könnet ihr es je brechen, da es euch das gebietet zu thun, wonach sich euer Herz und Seele sehnen? – Wo ihr aber freiet ohne Liebe, so bindet ihr euch wider Gottes Gebot, und indem ihr die Ehe schließet, sündigt ihr wider Gott, und diese Sünde rächt sich dadurch, daß ihr nun wider das Menschengesetz strebet, indem ihr die Ehe brecht.«[15]

Die Verschiebung von Jesus tatsächlichen Worten ist hier zentral: Jesus »internalisiert« das Verbot und macht es dadurch strenger (das Gesetz sagt: kein Ehebruch, während ich sage, dass wenn du nur die Frau eines anderen im Geiste begehrst, dies dasselbe ist, als hättest du Ehebruch begangen usw.). Wagner internalisiert es ebenfalls, aber auf andere Weise – die innere Dimension, die er beschwört, ist nicht die Absicht, es zu tun, sondern die der Liebe, die das Gesetz (Ehe) begleiten muss. Der wahre Ehebruch besteht nicht darin, außerehelichen

Geschlechtsverkehr zu haben, sondern darin, ehelichen Geschlechtsverkehr ohne Liebe zu haben. Der schlichte Ehebruch verletzt das Gesetz von außen, während die Ehe ohne Liebe es von innen heraus zerstört, indem es den Buchstaben des Gesetzes gegen seinen Geist wendet. Um Brecht zu paraphrasieren: Was ist ein schlichter Ehebruch verglichen mit der(/dem Ehebruch einer lieblosen/) Ehe! Nicht zufällig erinnert Wagners zugrunde liegende Wendung »Ehe ist Ehebruch« an Proudhons »Eigentum ist Diebstahl« – in den stürmischen Ereignissen von 1848 war Wagner nicht nur ein Feuerbachianer, der die sexuelle Liebe feierte, sondern auch ein revolutionärer Proudhonianer, der die Abschaffung des Privatbesitzes forderte. Kein Wunder also, dass Wagner weiter unten auf der gleichen Seite Jesus eine Proudhon'sche Ergänzung von »Du sollst nicht stehlen!« zuschreibt:
»So ist auch ein gutes Gesetz: du sollst nicht stehlen, noch begehren eines anderen Eigenthum. Wer dagegen thut, sündigt: ich bewahre euch aber vor der Sünde, indem ich euch lehre: Liebe deinen Nächsten wie dich selbst, d.h. auch: trachte nicht Schätze zu sammeln, dadurch du deinem Nächsten entziehest und ihn darben machst; denn so du durch der Menschen Gesetz dein Gut lässest hüten, reitzest du deinen Nächsten zu sündigen wider das Gesetz.«
So sollte die christliche »Ergänzung« des Heiligen Buchs konzipiert werden: als eine echte Hegel'sche »Negation der Negation«, die in dem entscheidenden Übergang von der Verzerrung eines Begriffs zur Verzerrung, die für diesen Begriff konstitutiv ist, besteht,

das heißt zu einer Verzerrung an sich. Man denke wieder an Proudhons altes dialektisches Motto »Eigentum ist Diebstahl«: Die »Negation der Negation« ist hier der Übergang von Diebstahl als Verzerrung (»Negation«, Verletzung) von Eigentum zur Dimension des Diebstahls, die in den Begriff von Eigentum selbst eingeschrieben ist (niemand hat das Recht, Produktionsmittel vollständig zu besitzen, ihre Natur ist in sich kollektiv, also ist jede Behauptung »Das ist meins!« illegitim). Dasselbe gilt, wie wir gesehen haben, für Verbrechen und Gesetz, für den Übergang vom Verbrechen als Verzerrung (»Negation«) des Gesetzes zum Verbrechen als Unterstützung des Gesetzes, das heißt zur Idee vom Gesetz als verallgemeinertes Verbrechen. Man sollte beachten, dass in diesem Begriff der »Negation der Negation« die umfassende Einheit der beiden entgegengesetzten Begriffe die »niedrigste«, »transgressivste« ist: Nicht das Verbrechen ist ein Moment der Selbstvermittlung des Gesetzes (oder Diebstahl ein Moment der Selbstvermittlung von Eigentum), die Entgegensetzung von Verbrechen und Gesetz ist dem Verbrechen inhärent, das Gesetz ist eine Untergruppe des Verbrechens, die selbstbezügliche Negation des Gesetzes (in der gleichen Weise wie Eigentum die selbstbezügliche Negation von Diebstahl ist).

Und gilt das letztendlich nicht auch für die Natur selbst? Hier ist die »Negation der Negation« der Übergang von der Idee, dass wir eine Art ausbalancierte natürliche Ordnung verletzen, zu der Idee, dass auf das Reale einen solchen Begriff einer ausbalancierten Ordnung anzuwenden an sich schon die größte Verletzung ist ... Weshalb die Prämisse, ja sogar das erste Axiom jeder radikalen Ökologie, der Satz »Es gibt keine Natur!« ist. Chesterton schrieb, dass, wenn man das Übernatürliche wegnähme, man mit dem Unnatürlichen zurückbleibe. Dem sollten wir beipflichten, aber im entgegengesetzten Sinn, nicht so, wie Chesterton meinte: Wir sollten akzeptieren, dass die Natur »unnatürlich« ist, eine abgefahrene Show kontingenter Störungen ohne inneren Rhythmus. Die gleiche dialektische Aufhebung kennzeichnet den Begriff der Gewalt: Gewalt (gewalttätige Ausbrüche) sind oft nicht nur ein machtloses Umsetzen in die Tat, ein Zeichen von Machtlosigkeit. Man könnte sagen, dass diese Aufhebung dem Begriff der Gewalt als solcher inhärent ist und nicht lediglich eine Eigenschaft und ein Zeichen defizienter Gewalt: Gewalt als solche – die Notwendigkeit, den Gegner mit Gewalt anzugreifen – ist ein Zeichen von Machtlosigkeit, ein Ausschluss des Handelnden aus demjenigen, was er angreift. Ich verwende Gewalt nur gegenüber Dingen, die meiner Kontrolle entgleiten, die ich nicht regulieren und von innen heraus steuern kann.

Das Zitat von Wagner kann natürlich nur an die berühmte Passage aus dem *Kommunistischen Manifest* erinnern, die auf den bürgerlichen Vorwurf, dass Kommunisten Freiheit, Eigentum und Familie abschaffen wollen, antwortet: Es ist die kapitalistische Freiheit selbst, die gewissermaßen die Freiheit ist, auf dem Markt zu kaufen und zu verkaufen, und die damit die eigentliche Form der Unfreiheit für diejenigen ist, die nichts als ihre Arbeitskraft zu verkaufen haben. Es ist das kapitalistische Eigentum selbst, das die »Abschaffung« von Eigentum für diejenigen bedeutet, die keine Produktionsmittel besitzen. Es ist die bürgerliche Hochzeit selbst, die die verallgemeinerte Prostitution ist ... In all diesen Fällen ist die äußere Entgegensetzung internalisiert, so dass ein Gegensatz die Erscheinungsform des anderen wird (bürgerliche Freiheit ist die Erscheinungsform der Unfreiheit der Mehrheit usw.). Und gilt nicht das Gleiche für die prekären »Unternehmer ihrer selbst« von heute? Ihre Unfreiheit (die prekäre Existenz ohne soziale Absicherung) erscheint im Gewand ihres Gegenteils, als Freiheit, die Bedingungen der eigenen Existenz immer wieder neu zu verhandeln.

Es ist mittlerweile ein Gemeinplatz, dass die explosive Zunahme prekärer Arbeitsplätze die Bedingungen der kollektiven Solidarität zutiefst berührt. Prekäre Arbeit beraubt die Arbeiter einer ganzen Reihe an Rechten, die bis vor kurzem in jedem Land, das sich selbst als Wohlfahrtsstaat betrachtet, als selbstverständlich galten: Die Arbeiter müssen sich selbst um ihre Krankenversicherung und ihre Rente kümmern, es gibt keinen bezahlten Urlaub, die Zukunft wird immer ungewisser. Prekäre Arbeit bringt einen Antagonismus zwischen unbefristet Angestellten und prekären Arbeitskräften innerhalb der Arbeiterklasse hervor (wobei die Gewerkschaften häufig dazu tendieren, die unbefristeten Arbeitnehmer zu bevorzugen; für prekär Beschäftigte ist es sehr schwierig, sich selbst in einer Gewerkschaft zu organisieren oder eine andere Form kollektiver Selbstorganisation zu bilden). Man hätte erwartet, dass diese verstärkte Ausbeutung auch zu verstärktem Widerstand bei den Arbeitern führte, aber sie macht den Widerstand noch schwerer, und der Hauptgrund dafür ist ideologischer Natur: Prekäre Arbeit wird als eine neue Form von Freiheit präsentiert (und bis zu einem gewissen Punkt auch tatsächlich als solche erlebt): Ich bin nicht mehr länger ein Rädchen in einem komplexen Unternehmen, sondern ein Unternehmer meiner selbst, ich bin mein Boss, der meine Beschäftigung aus freien Stücken managt und frei darin ist, neue Optionen zu ergreifen, verschiedene Aspekte meines kreativen Potentials auszuschöpfen und Prioritäten zu setzen ...

Der kommunistische Horizont

Die Vision, die dem *Kommunistischen Manifest* zugrunde liegt, ist die einer Gesellschaft, die zunehmend ihrer finalen Krise entgegensteuert, einer Situation, in der die Komplexität des Soziallebens auf einen großen Gegensatz zwischen Kapitalisten und der proletarischen Mehrheit vereinfachend reduziert wird. Ein selbst flüchtiger Blick auf die kommunistischen Revolutionen des 20. Jahrhunderts macht jedoch klar, dass diese Vereinfachung nie stattgefunden hat: Die radikalen kommunistischen Bewegungen waren immer auf eine Minderheiten-Avantgarde beschränkt, und um eine Vormachtstellung zu erreichen, mussten sie geduldig auf eine Krise warten (für gewöhnlich einen Krieg), die ihnen einen begrenzten Spielraum ermöglichte. In solchen Momenten kann eine authentische Avantgarde die Gelegenheit ergreifen und die Menschen mobilisieren (wenn auch nicht die aktuelle Mehrheit) und das Ruder übernehmen. Die Kommunisten waren hier immer ausgesprochen »undogmatisch« und dazu bereit, schmarotzerisch andere Themen zu übernehmen: Land und Frieden (Russland), nationale Befreiung und Einheit gegen Korruption (China) usw. Ihnen war stets voll bewusst, dass die Mobilisierung schnell vorbei sein würde, und sie bereiteten den Machtapparat sorgfältig so vor, dass er sie in diesem Moment an der Macht hält. (Im Gegensatz zur Oktoberrevolution, die Bauern explizit als zusätzliche Verbündete behandelte, tat die Chinesische Revolution noch nicht einmal so, als wäre sie proletarisch: Sie richtete sich direkt an die Bauern als ihre Basis.)

Das Problem des westlichen Marxismus (und sogar des Marxismus überhaupt) war die Abwesenheit des revolutionären Subjekts: Warum vollzieht die Arbeiterklasse nicht den Übergang vom an-sich zum für-sich und konstituiert sich als revolutionärer Akteur? Dieses Problem stellt den Hauptgrund für den Bezug auf die Psychoanalyse dar, die genau deshalb heraufbeschworen wurde, um die unbewussten libidinösen Mechanismen zu erklären, die das Entstehen von Klassenbewusstsein verhindern, das dem Wesen (der sozialen Situation) der Arbeiterklasse eingeschrieben ist. Auf diese Weise wurde die Wahrheit der marxistischen sozioökonomischen Analyse gerettet und es gab keinen Grund mehr, vor den revisionistischen Theorien in Bezug auf das Erstarken des Mittelstands etc. zurückzuweichen. Aus dem gleichen Grund war der westliche Marxismus auch auf der permanenten Suche nach anderen sozialen Akteuren, welche die Rolle des revolutionären Agenten übernehmen könnten, gewissermaßen als Zweitbesetzung der indisponierten Arbeiterklasse: die Bauern der Dritten Welt, Studenten und Intellektuelle, die Ausgeschlossenen und Marginalisierten ... Die jüngste Version dieser Vorstellung bezieht sich auf die Flüchtlinge: Nur der Zustrom einer wirklich großen Zahl an Flüchtlingen kann die radikale Linke in Europa mit neuem Leben erfüllen. Doch dieser Gedanke ist zutiefst obszön und zynisch: Obwohl die Tatsache einer solchen Entwicklung der Brutalität gegen Immigranten ziemlich sicher einen immensen Schub geben würde, besteht der wirklich verrückte Aspekt dieser Idee in dem Projekt, die Lücke der fehlenden Proletarier durch Import von außen zu füllen, so dass wir unsere Revolution durch einen outgesourceten revolutionären Ersatz-Akteur bekommen.

Das Scheitern der Arbeiterklasse als revolutionäres Subjekt ist jedoch bereits im Kern der bolschewistischen Revolution angelegt: Lenins Kunst bestand in der Entdeckung des »Zorn-Potentials« (Sloterdijk) der enttäuschten Bauernschaft. Die Oktoberrevolution siegte wegen des Slogans »Land und Frieden«, der sich an die große Mehrheit der Bauern wandte, um den kurzen Augenblick ihrer radikalen Unzufriedenheit zu nutzen. Lenin dachte schon ein Jahrzehnt vorher in diese Richtung, weshalb er über die Aussicht eines Erfolgs der Landreform von Stolypin entsetzt war, deren Ziel darin bestand, eine starke Klasse unabhängiger Bauern zu schaffen – er schrieb, dass wenn Stolypin Erfolg hätte, die Chance auf eine Revolution für Jahrzehnte vorbei sei. Alle erfolgreichen sozialistischen Revolutionen von Kuba bis Jugoslawien folgten diesem Modell, indem sie ihre Chance in einer extrem kritischen Situation suchten und sich mit nationalen Befreiungsbewegungen oder anderem »Wut-Kapital« verbündeten. Ein Anhänger der hegemonialen Logik würde hier natürlich herausstreichen, dass dies die »normale« Logik der Revolution sei, dass die »kritische Masse« genau und nur durch eine Reihe von Äquivalenzen unter zahlreichen Anforderungen erreicht würde, die immer radikal kontingent und von spezifischen, ja sogar einzigartigen Begleitumständen abhingen. Eine Revolution ereigne sich nie, wenn alle Widersprüche in dem einen großen zusammenfielen, sondern wenn diese ihre Macht synergetisch bündelten ...

Das Problem ist an dieser Stelle komplexer: Der Punkt ist nicht nur, dass die Revolution nicht mehr länger auf dem Zug der »großgeschriebenen« Geschichte fährt und deren Gesetzen gehorcht, denn es gibt keine »großgeschriebene« Geschichte, da Geschichte ein kontingenter offener Prozess ist. Das Problem ist ein anderes: Es scheint so, als gäbe es ein Gesetz der Geschichte, einen mehr oder weniger klaren Verlauf der historischen Entwicklung, und dass eine Revolution sich nur in deren Fugen »gegen den Strom« ereignen könnte. Revolutionäre müssen geduldig auf die (für gewöhnlich sehr kurze) Zeitspanne warten, bis das System ganz offen nicht mehr funktioniert oder zusammenbricht, die Gelegenheit nutzen und die Macht zu dem Zeitpunkt ergreifen, wo sie offen auf der Straße liegt und dort zu ergreifen *ist*, dann die Machterhaltung absichern, Repressionsapparate errichten usw., so dass wenn sich die Verwirrung gelegt hat und die Mehrheit wieder nüchtern wird und vom neuen Regime enttäuscht ist, es zu spät ist, um es wieder loszuwerden und es fest verschanzt ist. Die Kommunisten haben immer ganz sorgfältig den richtigen Zeitpunkt berechnet, um die Mobilisierung des Volkes zu stoppen. Betrachten wir den Fall der chinesischen Kulturrevolution, die zweifellos Elemente einer verordneten Utopie aufwies. Ganz an ihrem Ende, noch bevor die Agitation von Mao persönlich gestoppt wurde (weil er bereits sein Ziel erreicht hatte, seine volle Macht wiederherzustellen und die Spitze der konkurrierenden Nomenklatura loszuwerden), gab es die »Kommune Shanghai«: eine Million Arbeiter, welche die offiziellen Parolen ernst nahmen und die Abschaffung des Staats und sogar der Partei selbst forderten sowie die direkte Organisation der Gesellschaft auf kommunaler Ebene. Es ist signifikant, dass Mao zu genau diesem Zeitpunkt die Armee befehligte, einzugreifen und die Ordnung wiederherzustellen. Das Paradox besteht darin, dass der Führer einen unkontrollierten Aufstand auslöste, während er gleichzeitig versucht hat, seine volle persönliche Macht auszuüben – eine Überschneidung von extremer Diktatur und extremer Emanzipation der Massen.

In einem kurzen Gedicht, das Brecht 1953 anlässlich des Aufstands der Arbeiter verfasst hat, zitiert er einen zeitgenössischen Parteifunktionär, der bemerkt, dass die Menschen das Vertrauen in die Regierung verloren hätten. Wäre es da nicht doch einfacher, fragt Brecht listig, die Regierung löste das Volk auf und wählte sich ein anderes? Anstatt dieses Gedicht jedoch als ein Beispiel für Brechts Ironie zu lesen, sollte man es ernst nehmen: Ja, in einer Situation der Mobilisierung des Volkes wird das »Volk« gewissermaßen ersetzt, transsubstantiiert (die träge Masse der gewöhnlichen Menschen wird in eine politisch engagierte vereinte Kraft transsubstantiiert). Das Problem ist – noch einmal –, dass diese Transsubstantiation nicht dauerhaft ist; man sollte immer im Kopf behalten, dass eine dauerhafte Präsenz des Volkes einem dauerhaften Ausnahmezustand gleichkommt. Denn was passiert, wenn die Menschen müde werden und nicht mehr länger in der Lage sind, die Spannung aufrechtzuerhalten? Die Kommunisten an der Macht hatten dafür zwei Lösungen (beziehungsweise zwei Seiten derselben Lösung): Herrschaft der Partei über die passive Bevölkerung oder eine vorgetäuschte Mobilisierung des Volkes. Trotzki selbst, dem Theoretiker der permanenten Revolution, war völlig klar, »Menschen können nicht jahrelang ununterbrochen in einem Zustand höchster Spannung und höchster Aktivität leben«,[16] und er machte aus dieser Tatsache ein Argument für die Notwendigkeit einer Avantgardepartei: Die Selbstorganisation in den Räten kann nicht die Rolle der Partei übernehmen, die die Dinge am Laufen halten muss, wenn die Menschen müde werden ... Und um die Leute zu amüsieren und den Schein aufrechtzuerhalten, kann ein großes

Spektakel der Pseudomobilisierung bei Gelegenheit von Nutzen sein, von den stalinistischen Paraden bis zum heutigen Nord-Korea. In den kapitalistischen Ländern gibt es natürlich andere Wege, den Druck des Volkes zu beseitigen: (mehr oder weniger) freie Wahlen – wie kürzlich in Ägypten und der Türkei, wobei das auch 1968 in Frankreich funktioniert hat. Man darf nie vergessen, dass der Akteur des Drucks vom Volk aus immer in der Minderheit ist – selbst Occupy Wall Street war in Bezug auf seine aktiven Teilnehmer näher an dem einen Prozent als an den 99 seines berühmten Slogans.

Das zugrundeliegende Problem hier ist dasjenige, dem wir bereits am Beginn dieses Essays begegnet sind: Wie können wir die singuläre Allgemeinheit des emanzipatorischen Subjekts nicht lediglich formal denken, das heißt als objektiv-materialistisch determiniert, aber ohne Arbeiterklasse als seine substantielle Basis? Die Lösung ist negativ: Es ist der Kapitalismus selbst, der eine negative substantielle Determination anbietet. Das globale kapitalistische System ist die substantielle »Basis«, die die Exzesse vermittelt und generiert (Slums, ökologische Bedrohungen etc.), die den Widerstand eröffnen. Heute geistern linke Visionen herum, dass es unsere Aufgabe sei, die verschiedenen Gruppen der Ausgebeuteten und Unterprivilegierten (Immigranten, Arbeitslose, prekär Beschäftigte, Opfer sexueller, rassistisch und religiös motivierter Unterdrückung, unzufriedene Studenten ...) zusammenzubringen und eine vereinigte Front des emanzipatorischen Kampfes zu bilden – aber das Problem besteht darin, dass wir uns in klarem Gegensatz zum Marxismus den Prozess dieser Vereinigung in globaler Solidarität nicht mehr länger vorstellen können.

Die Frage nach der Relevanz von Marx' Kritik der politischen Ökonomie in unserem Zeitalter des globalen Kapitalismus muss auf angemessen dialektische Weise beantwortet werden. Marx' Kritik der politischen Ökonomie, sein Abriss der kapitalistischen Dynamik, ist nicht nur ganz und gar aktuell, sondern man muss noch einen Schritt weiter gehen und behaupten, dass erst heute im globalen Kapitalismus die Wirklichkeit zu ihrem Begriff gefunden hat, um es hegelianisch auszudrücken. Trotzdem kommt es hier zu einem echten dialektischen Umschwung: Zu diesem Zeitpunkt höchster Aktualität muss die Einschränkung erscheinen, der Moment des Triumphs ist derjenige der Niederlage, nach der Überwindung der äußeren Hindernisse kommt die neue Bedrohung von innen und signalisiert innere Inkonsistenz. Wenn die Wirklichkeit die Höhe ihres Begriffs erreicht, muss der Begriff selbst umgeformt werden. Darin besteht das eigentliche dialektische Paradox: Marx lag nicht einfach falsch, er hatte oft recht, allerdings buchstäblicher, als er selbst es erwartet hätte.

Was ist nun unser Ergebnis? Sollen wir das *Kommunistische Manifest* als lediglich interessantes Dokument der Vergangenheit abschreiben? Auf echt dialektische Weise bezeugen die Sackgassen und Irrtümer des Kommunismus des 20. Jahrhunderts, die in den Begrenzungen des *Kommunistischen Manifests* selbst ihren Grund haben, dessen Aktualität: Die klassische marxistische Lösung schlug fehl, das Problem aber bleibt. Kommunismus ist heute nicht die Bezeichnung einer Lösung, sondern die Bezeichnung eines *Problems*, des Problems der *Commons* in all seinen Dimensionen – des Gemeinguts der Natur als Grundlage unseres Lebens, das Problem unserer biogenetischen Gemeingüter, das Problem unserer kulturellen Gemeingüter (»geistiges Eigentum«), und, nicht zuletzt, Gemeingüter als universelle Orte der Humanität, aus denen niemand ausgeschlossen werden sollte. Wie auch immer die Lösung aussehen mag, sie muss sich mit *diesen* Problemen befassen.

In den sowjetischen Übersetzungen wurde Marx' bekannte Äußerung gegenüber Paul Lafargue – »Ce qu'il y a de certain, c'est que moi je ne suis pas marxiste« [»Wenn etwas sicher ist, dann, dass ich kein Marxist bin«] – so wiedergegeben: »Wenn das Marxismus ist, dann bin ich kein Marxist.« Diese Fehlübersetzung gibt perfekt die Transformation des Marxismus in einen universitären Diskurs wieder: Im sowjetischen Marxismus war sogar Marx selbst Marxist und nahm am gleichen universalen Wissen teil, das den Marxismus bildet; die Tatsache, dass er die Lehre dessen schuf, was später als »Marxismus« bekannt geworden ist, bildet keine Ausnahme, so dass sein Leugnen sich lediglich auf eine spezielle falsche Version bezieht, die sich fälschlicherweise als »marxistisch« ausgibt. Was Marx damit meinte, war etwas viel Radikaleres: eine Kluft, die Marx selbst, den Begründer, der eine substantielle Beziehung zu seiner Lehre unterhält, von den »Marxisten« spaltet, die seiner Lehre folgen. Diese Kluft kann man auch mit dem bekannten Witz der Marx-Brothers wiedergeben: »Du siehst aus wie Emmanuel Ravelli. – Aber ich bin doch Emmanuel Ravelli! – Kein Wunder, dass du so aussiehst wie er!« Derjenige, der Ravelli ist, sieht nicht so aus wie Ravelli, er ist einfach Ravelli, und auf die gleiche Weise ist Marx kein Marxist (unter Marxisten), er ist der Bezugspunkt, der von dieser Reihe ausgenommen ist, das heißt, es ist der Bezug auf ihn, der andere Marxisten ausmacht. Daher besteht die einzige Art, Marx heute treu zu bleiben, darin, nicht mehr länger »Marxist« zu sein, sondern Marx' begründende Geste auf eine neue Weise zu wiederholen.

Anmerkungen

1 G. A. Cohen, *If You're an Egalitarian, How Come You're So Rich?*, Cambridge (Ma): Harvard University Press 2001.
2 Vgl. *Capitalismo cognitivo*, hg. von Carlo Vercellone, Rom: manifestolibri 2006.
3 Ebd., S. 96 f.
4 *Das Kommunistische Manifest*, in dieser Ausgabe S. 95.
5 Zitiert nach http://www.newyorker.com/culture/persons-of-interest/the-return-of-tony-blair.
6 http://www.mlwerke.de/me/me03/me03_017.htm#I_I.
7 Ebd.
8 http://www.mlwerke.de/me/me23/me23_049.html.
9 Wolfgang Streeck, »Wie wird der Kapitalismus enden?«, in: Blätter für deutsche und internationale Politik 3/2015, S. 107.
10 Vgl. Rebecca Carson, »Fictitious Capital, Personal Power and Social Reproduction« (Manuskript, 2017).
11 Carson, ebd.
12 MEGA (Marx-Engels-Gesamtausgabe), Abteilung II, Band 6, Berlin: Dietz Verlag 1976, S. 41.
13 Düsseldorfer Heine-Ausgabe, Bd. 8/1, Hamburg: Hoffmann und Campe 1979, S. 80.

14 Gilbert Keith Chesterton, *Der Mann, der Donnerstag war*, aus dem Englischen von Bernhard Sengfelder, Fischer Verlag, Frankfurt am Main 1961, S. 42 f.
15 Richard Wagner, *Jesus von Nazareth. Ein dichterischer Entwurf*, Berlin: Hofenberg 2015, S. 19.
16 Zitiert nach Ernest Mandel, *Trotzki als Alternative*, Berlin: Dietz 1992, S. 118.

Karl Marx
Friedrich Engels

MANIFEST DER KOMMUNISTISCHEN PARTEI

I.

Vorrede zur deutschen Ausgabe von 1872

Der Bund der Kommunisten, eine internationale Arbeiterverbindung, die unter den damaligen Verhältnissen selbstredend nur eine geheime sein konnte, beauftragte auf dem in London im November 1847 abgehaltenen Kongresse die Unterzeichneten mit der Abfassung eines für die Öffentlichkeit bestimmten, ausführlichen theoretischen und praktischen Parteiprogramms. So entstand das nachfolgende »Manifest«, dessen Manuskript wenige Wochen vor der Februarrevolution nach London zum Druck wanderte. Zuerst deutsch veröffentlicht, ist es in dieser Sprache in Deutschland, England und Amerika in mindestens zwölf verschiedenen Ausgaben abgedruckt worden. Englisch erschien es zuerst 1850 in London im »Red Republican«, übersetzt von Miss Helen Macfarlane, und 1871 in wenigstens drei verschiedenen Übersetzungen in Amerika. Französisch zuerst in Paris kurz vor der Juni-Insurrektion 1848, neuerdings in »Le Socialiste« von New York. Eine neue Übersetzung wird vorbereitet. Polnisch in London kurz nach seiner ersten deutschen Herausgabe. Russisch in Genf in den sechziger Jahren. Ins Dänische wurde es ebenfalls bald nach seinem Erscheinen übersetzt.

Wie sehr sich auch die Verhältnisse in den letzten fünfundzwanzig Jahren geändert haben, die in diesem »Manifest« entwickelten allgemeinen Grundsätze behalten im ganzen und großen auch heute noch ihre volle Richtigkeit. Einzelnes wäre hier und da zu bessern. Die praktische Anwendung dieser Grundsätze, erklärt das »Manifest« selbst, wird überall und jederzeit von den geschichtlich vorliegenden Umständen abhängen, und wird deshalb durchaus kein besonderes Gewicht auf die am Ende von Abschnitt II vorgeschlagenen revolutionären Maßregeln gelegt. Dieser Passus würde heute in vieler Beziehung anders lauten. Gegenüber der immensen Fortentwicklung der großen Industrie in den letzten fünfundzwanzig Jahren und der mit ihr fortschreitenden Parteiorganisation der Arbeiterklasse, gegenüber den praktischen Erfahrungen, zuerst der Februarrevolution und noch weit mehr der Pariser Kommune, wo das Proletariat zum erstenmal zwei Monate lang die politische Gewalt innehatte, ist heute dies Programm stellenweise veraltet. Namentlich hat die Kommune den Beweis geliefert, daß »die Arbeiterklasse nicht die fertige Staatsmaschine einfach in Besitz nehmen und sie für ihre eigenen Zwecke in Bewegung setzen kann.« (Siehe »Der Bürgerkrieg in Frankreich. Adresse des Generalrats der Internationalen Arbeiter-Association«, deutsche Ausgabe, S. 19, wo dies weiter entwickelt ist.) Ferner ist selbstredend, daß die Kritik der sozialistischen Literatur für heute lückenhaft ist, weil sie nur bis 1847 reicht; ebenso daß die Bemerkungen über die Stellung der Kommunisten zu den verschiedenen Oppositionsparteien (Abschnitt IV), wenn in den Grundzügen auch heute noch richtig, doch in ihrer Ausführung heute schon deshalb veraltet sind, weil die politische Lage sich total umgestaltet und die geschichtliche Entwicklung die meisten der dort aufgezählten Parteien aus der Welt geschafft hat.

Indes, das »Manifest« ist ein geschichtliches Dokument, an dem zu ändern wir uns nicht mehr das Recht zuschreiben. Eine spätere Ausgabe erscheint vielleicht begleitet von einer den Abstand von 1847 bis jetzt überbrückenden Einleitung; der vorliegende Abdruck kam uns zu unerwartet, um uns Zeit dafür zu lassen.

London, 24. Juni 1872
Karl Marx, Friedrich Engels

Vorrede zur deutschen Ausgabe von 1883

Das Vorwort zur gegenwärtigen Ausgabe muß ich leider allein unterschreiben. Marx, der Mann, dem die gesamte Arbeiterklasse Europas und Amerikas mehr verdankt als irgendeinem andern – Marx ruht auf dem Friedhof zu Highgate, und über sein Grab wächst bereits das erste Gras. Seit seinem Tode kann von einer Umarbeitung oder Ergänzung des »Manifests« erst recht keine Rede mehr sein. Für um so nötiger halte ich es, hier nochmals das Folgende ausdrücklich festzustellen.

Der durchgehende Grundgedanke des »Manifests«: daß die ökonomische Produktion und die aus ihr mit Notwendigkeit folgende gesellschaftliche Gliederung einer jeden Geschichtsepoche die Grundlage bildet für die politische und intellektuelle Geschichte dieser Epoche; daß demgemäß (seit Auflösung des uralten Gemeinbesitzes an Grund und Boden) die ganze Geschichte eine Geschichte von Klassenkämpfen gewesen ist, Kämpfen zwischen ausgebeuteten und ausbeutenden, beherrschten und herrschenden Klassen auf verschiedenen Stufen der gesellschaftlichen Entwicklung; daß dieser Kampf aber jetzt eine Stufe erreicht hat, wo die ausgebeutete und unterdrückte Klasse (das Proletariat) sich nicht mehr von der sie ausbeutenden und unterdrückenden Klasse (der Bourgeoisie) befreien kann, ohne zugleich die ganze Gesellschaft für immer von Ausbeutung, Unterdrückung und Klassenkämpfen zu befreien – dieser Grundgedanke gehört einzig und ausschließlich Marx an.

Ich habe das schon oft ausgesprochen; es ist aber gerade jetzt nötig, daß es auch vor dem »Manifest« selbst steht.

London, 28. Juni 1883
Friedrich Engels

Vorrede zur englischen Ausgabe von 1888

Das »Manifest« wurde als Plattform des Bundes der Kommunisten veröffentlicht, einer anfangs ausschließlich deutschen, später internationalen Arbeiterassoziation, die unter den politischen Verhältnissen des europäischen Kontinents vor 1848 unvermeidlich eine Geheimorganisation war. Auf dem Kongreß des Bundes, der im November 1847 in London stattfand, wurden Marx und Engels beauftragt, die Veröffentlichung eines vollständigen theoretischen und praktischen Parteiprogramms in die Wege zu leiten. In deutscher Sprache abgefaßt, wurde das Manuskript im Januar 1848, wenige Wochen vor der französischen Revolution vom 24. Februar, nach London zum Druck geschickt. Eine französische Übersetzung wurde kurz vor der Juni-Insurrektion von 1848 in Paris herausgebracht. Die erste englische Übersetzung, von Miss Helen Macfarlane besorgt, erschien 1850 in George Julian Harneys »Red Republican« in London. Auch eine dänische und eine polnische Ausgabe wurden veröffentlicht.

Die Niederschlagung der Pariser Juni-Insurrektion von 1848 – dieser ersten großen Schlacht zwischen Proletariat und Bourgeoisie – drängte die sozialen und politischen Bestrebungen der Arbeiterklasse Europas zeitweilig wieder in den Hintergrund. Seitdem spielte sich der Kampf um die Vormachtstellung wieder, wie in der Zeit vor der Februarrevolution, allein zwischen verschiedenen Gruppen der besitzenden Klasse ab; die Arbeiterklasse wurde beschränkt auf einen Kampf um politische Ellbogenfreiheit und auf die Position eines äußersten linken Flügels der radikalen Bourgeoisie. Wo selbständige proletarische Bewegungen fortfuhren, Lebenszeichen von sich zu geben, wurden sie erbarmungslos niedergeschlagen. So spürte die preußische Polizei die Zentralbehörde des Bundes der Kommunisten auf, die damals ihren Sitz in Köln hatte. Die Mitglieder wurden verhaftet und nach achtzehnmonatiger Haft im Oktober 1852 vor Gericht gestellt. Dieser berühmte »Kölner Kommunistenprozeß« dauerte vom 4. Oktober bis 12. November; sieben von den Gefangenen wurden zu Festungshaft für die Dauer von drei bis sechs Jahren verurteilt. Sofort nach dem Urteilsspruch wurde der Bund durch die noch verbliebenen Mitglieder formell aufgelöst. Was das »Manifest« anbelangt, so schien es von da an verdammt zu sein, der Vergessenheit anheimzufallen.

Als die europäische Arbeiterklasse wieder genügend Kraft zu einem neuen Angriff auf die herrschende Klasse gesammelt hatte, entstand die Internationale Arbeiterassoziation. Aber diese Assoziation, die ausdrücklich zu dem Zwecke gegründet wurde, das gesamte kampfgewillte Proletariat Europas und Amerikas zu einer einzigen Körperschaft zusammenzuschweißen, konnte die im »Manifest« niedergelegten Grundsätze nicht sofort proklamieren. Die Internationale mußte ein Programm haben, breit genug, um für die englischen Trade-Unions, für die französischen, belgischen, italienischen und spanischen Anhänger Proudhons und für die Lassalleaner in Deutschland annehmbar zu sein. Marx, der dieses Programm zur Zufriedenheit aller Parteien abfaßte, hatte volles Vertrauen zur intellektuellen Entwicklung der Arbeiterklasse, einer Entwicklung, wie sie aus der vereinigten Aktion und der gemeinschaftlichen Diskussion notwendig hervorgehn mußte. Die Ereignisse und Wechselfälle im Kampf gegen das Kapital, die Niederlagen noch mehr als die Siege, konnten nicht verfehlen, den Menschen die Unzulänglichkeit ihrer diversen Lieblings-Quacksalbereien zum Bewußtsein zu bringen und den Weg zu vollkommener Einsicht in die wirklichen Voraussetzungen der Emanzipation der Arbeiterklasse zu bahnen. Und Marx hatte recht. Als im Jahre 1874 die Internationale zerfiel, ließ sie die Arbeiter schon in einem ganz anderen Zustand zurück, als sie sie bei ihrer Gründung im Jahre 1864 vorgefunden hatte. Der Proudhonismus in Frankreich, der Lassalleanismus in Deutschland waren am Absterben, und auch die konservativen englischen Trade-Unions näherten sich, obgleich sie in ihrer Mehrheit die Verbindung mit der Internationale schon längst gelöst hatten, allmählich dem Punkt, wo ihr Präsident im vergangenen Jahre in Swansea in ihrem Namen erklären konnte: »Der kontinentale Sozialismus hat seine Schrecken für uns verloren.« In der Tat: Die

Grundsätze des »Manifests« hatten unter den Arbeitern aller Länder erhebliche Fortschritte gemacht.

Auf diese Weise trat das »Manifest« selbst wieder in den Vordergrund. Der deutsche Text war seit 1850 in der Schweiz, in England und in Amerika mehrmals neu gedruckt worden. Im Jahre 1872 wurde es ins Englische übersetzt, und zwar in New York, wo die Übersetzung in »Woodhull & Claflin's Weekly« veröffentlicht wurde. Auf Grund dieser englischen Fassung wurde in »Le Socialiste« in New York auch eine französische angefertigt. Seitdem sind in Amerika noch mindestens zwei englische Übersetzungen, mehr oder minder entstellt, herausgebracht worden, von denen eine in England nachgedruckt wurde. Die von Bakunin besorgte erste russische Übersetzung wurde etwa um das Jahr 1863 in der Druckerei von Herzens »Kolokol« in Genf herausgegeben, eine zweite, gleichfalls in Genf, von der heldenhaften Vera Sassulitsch, 1882. Eine neue dänische Ausgabe findet sich in der »Socialdemokratisk Bibliotek«, Kopenhagen 1885; eine neue französische Übersetzung in »Le Socialiste«, Paris 1886. Nach dieser letzteren wurde eine spanische Übersetzung vorbereitet und 1886 in Madrid veröffentlicht. Die Zahl der deutschen Nachdrucke läßt sich nicht genau angeben, im ganzen waren es mindestens zwölf. Eine Übertragung ins Armenische, die vor einigen Monaten in Konstantinopel herauskommen sollte, erblickte nicht das Licht der Welt, weil, wie man mir mitteilte, der Verleger nicht den Mut hatte, ein Buch herauszubringen, auf dem der Name Marx stand, während der Übersetzer es ablehnte, es als sein eigenes Werk zu bezeichnen. Von weiteren Übersetzungen in andere Sprachen habe ich zwar gehört, sie aber nicht zu Gesicht bekommen. So spiegelt die Geschichte des »Manifests« in hohem Maße die Geschichte der modernen Arbeiterbewegung wider; gegenwärtig ist es zweifellos das weitest verbreitete, internationalste Werk der ganzen sozialistischen Literatur, ein gemeinsames Programm, das von Millionen Arbeitern von Sibirien bis Kalifornien anerkannt wird.

Und doch hätten wir es, als es geschrieben wurde, nicht ein *sozialistisches* Manifest nennen können. Unter Sozialisten verstand man 1847 einerseits die Anhänger der verschiedenen utopischen Systeme: die Owenisten in England, die Fourieristen in Frankreich, die beide bereits zu bloßen, allmählich aussterbenden Sekten zusammengeschrumpft waren; andererseits die mannigfaltigsten sozialen Quacksalber, die mit allerhand Flickwerk, ohne jede Gefahr für Kapital und Profit die gesellschaftlichen Mißstände aller Art zu beseitigen versprachen – in beiden Fällen Leute, die außerhalb der Arbeiterbewegung standen und eher Unterstützung bei den »gebildeten« Klassen suchten. Derjenige Teil der Arbeiterklasse, der sich von der Unzulänglichkeit bloßer politischer Umwälzungen überzeugt hatte und die Notwendigkeit einer totalen Umgestaltung der Gesellschaft forderte, dieser Teil nannte sich damals kommunistisch. Es war eine noch rohe, unbehauene, rein instinktive Art Kommunismus; aber er traf den Kardinalpunkt und war in der Arbeiterklasse mächtig genug, um den utopischen Kommunismus zu erzeugen, in Frankreich den von Cabet, in Deutschland den von Weitling. So war denn 1847 Sozialismus eine Bewegung der Mittelklasse, Kommunismus eine Bewegung der Arbeiterklasse. Der Sozialismus war, auf dem Kontinent wenigstens, »salonfähig«; der Kommunismus war das gerade Gegenteil. Und da wir von allem Anfang an der Meinung waren, daß »die Emanzipation der Arbeiterklasse das Werk der Arbeiterklasse selbst sein muß«, so konnte kein Zweifel darüber bestehen, welchen der beiden Namen wir wählen mußten. Ja noch mehr, auch seitdem ist es uns nie in den Sinn gekommen, uns von ihm loszusagen.

Obgleich das »Manifest« unser beider gemeinsame Arbeit war, so halte ich mich doch für verpflichtet festzustellen, daß der Grundgedanke, der seinen Kern bildet, Marx angehört. Dieser Gedanke besteht darin: daß in jeder geschichtlichen Epoche die vorherrschende wirtschaftliche Produktions- und Austauschweise und die aus ihr mit Notwendigkeit folgende gesellschaftliche Gliederung die Grundlage bildet, auf der die politische und die intellektuelle Geschichte dieser Epoche sich aufbaut und aus der allein sie erklärt werden kann; daß demgemäß die ganze Geschichte der Menschheit (seit Aufhebung der primitiven Gentilordnung mit ihrem Gemeinbesitz an Grund und Boden) eine Geschichte von Klassenkämpfen gewesen ist. Kämpfen zwischen ausbeutenden und ausgebeuteten, herrschenden und unterdrückten Klassen; daß die Geschichte dieser Klassenkämpfe eine Entwicklungsreihe darstellt, in der gegenwärtig eine Stufe erreicht ist, wo die ausgebeutete und unterdrückte Klasse – das Proletariat – ihre Befreiung vom Joch der ausbeutenden und herrschenden Klasse – der Bourgeoisie – nicht erreichen kann, ohne zugleich die ganze Gesellschaft ein für allemal von aller Ausbeutung und Unterdrückung, von allen Klassenunterschieden und Klassenkämpfen zu befreien.

Diesem Gedanken, der nach meiner Ansicht berufen ist, für die Geschichtswissenschaft denselben Fortschritt zu begründen, den Darwins Theorie für die Naturwissenschaft begründet hat – diesem Gedanken hatten wir beide uns schon mehrere Jahre vor 1845 allmählich genähert. Wieweit ich selbständig mich in dieser Richtung voranbewegt, zeigt am besten meine »Lage der arbeitenden Klasse in England«. Als ich aber im Frühjahr 1845 Marx in Brüssel wiedertraf, hatte er ihn fertig ausgearbeitet und legte ihn mir vor in fast ebenso klaren Worten wie die, worin ich ihn oben zusammengefaßt.

Aus unserem gemeinsamen Vorwort zur deutschen Ausgabe von 1872 zitiere ich das Folgende:
»Wie sehr sich auch die Verhältnisse in den letzten fünfundzwanzig Jahren geändert haben, die in diesem ›Manifest‹ entwickelten allgemeinen Grundsätze behalten im ganzen und großen auch heute noch ihre volle Richtigkeit. Einzelnes wäre hier und da zu bessern. Die praktische Anwendung dieser Grundsätze, erklärt das

›Manifest‹ selbst, wird überall und jederzeit von den geschichtlich vorliegenden Umständen abhängen, und wird deshalb durchaus kein besonderes Gewicht auf die am Ende von Abschnitt II vorgeschlagenen revolutionären Maßregeln gelegt. Dieser Passus würde heute in vieler Beziehung anders lauten. Gegenüber der immensen Fortentwicklung der großen Industrie seit 1848 und der sie begleitenden verbesserten und gewachsenen Organisation der Arbeiterklasse, gegenüber den praktischen Erfahrungen, zuerst der Februarrevolution und noch weit mehr der Pariser Kommune, wo das Proletariat zum erstenmal zwei Monate lang die politische Gewalt innehatte, ist heute dies Programm stellenweise veraltet. Namentlich hat die Kommune den Beweis geliefert, dass die Arbeiterklasse nicht die fertige Staatsmaschine einfach in Besitz nehmen und sie für ihre eignen Zwecke in Bewegung setzen kann. (Siehe ›Der Bürgerkrieg in Frankreich, Adresse des Generalrats der Internationalen Arbeiter-Assoziation‹, deutsche Ausgabe, Seite 19, wo dies weiterentwickelt ist.) Ferner ist selbstredend, daß die Kritik der sozialistischen Literatur für heute lückenhaft ist, weil sie nur bis 1847 reicht; ebenso daß die Bemerkungen über die Stellung der Kommunisten zu den verschiedenen Oppositionsparteien (Abschnitt IV), wenn in den Grundzügen auch heute noch richtig, doch in ihrer Ausführung heute schon deswegen veraltet sind, weil die politische Lage sich total umgestaltet und die geschichtliche Entwicklung die meisten der dort aufgezählten Parteien aus der Welt geschafft hat.

Indes, das ›Manifest‹ ist ein geschichtliches Dokument, an dem zu ändern wir uns nicht mehr das Recht zuschreiben.«

Die vorliegende Übersetzung stammt von Herrn Samuel Moore, dem Übersetzer des größten Teils von Marx' »Kapital«. Wir haben sie gemeinsam durchgesehen, und ich habe ein paar Fußnoten zur Erklärung geschichtlicher Anspielungen hinzugefügt.

London, 30. Januar 1888
Friedrich Engels

Vorrede zur deutschen Ausgabe von 1890

Seit Vorstehendes geschrieben, ist wieder eine neue deutsche Auflage des »Manifests« nötig geworden, und es hat sich auch allerlei mit dem »Manifest« zugetragen, das hier zu erwähnen ist.

Eine zweite russische Übersetzung – von Vera Sassulitsch – erschien 1882 in Genf; die Vorrede dazu wurde von Marx und mir verfaßt. Leider ist mir das deutsche Originalmanuskript abhanden gekommen, ich muß also aus dem Russischen zurückübersetzen, wodurch die Arbeit keineswegs gewinnt. Sie lautet:

»Die erste russische Ausgabe des ›Manifests der Kommunistischen Partei‹, in Bakunins Übersetzung, erschien anfangs der sechziger Jahre in der Druckerei des ›Kolokol‹. Damals hatte eine russische Ausgabe dieser Schrift für den Westen höchstens die Bedeutung eines literarischen Kuriosums. Heute ist eine solche Auffassung nicht mehr möglich. Einen wie beschränkten Umfang das Verbreitungsgebiet der proletarischen Bewegung hatte zur Zeit der ersten Veröffentlichung des ›Manifests‹ (Januar 1848), zeigt am besten das letzte Kapitel: ›Stellung der

Kommunisten zu den verschiedenen oppositionellen Parteien‹. Hier fehlen vor allen Rußland und die Vereinigten Staaten. Es war die Zeit, wo Rußland die letzte große Reserve der europäischen Reaktion bildete und wo die Auswanderung nach den Vereinigten Staaten die überschüssigen Kräfte des europäischen Proletariats absorbierte. Beide Länder versorgten Europa mit Rohstoff und dienten gleichzeitig als Märkte für den Absatz seiner Industrieprodukte. Beide erschienen also, in dieser oder jener Weise, als Stützen der europäischen gesellschaftlichen Ordnung.

Wie hat sich das alles heute geändert! Grade die europäische Auswanderung hat die kolossale Entwicklung des nordamerikanischen Ackerbaus ermöglicht, die durch ihre Konkurrenz das große wie das kleine Grundeigentum in Europa in seinen Grundfesten erschüttert. Sie hat zugleich den Vereinigten Staaten die Möglichkeit gegeben, an die Ausbeutung ihrer reichhaltigen industriellen Hilfsquellen zu gehen, und zwar mit solcher Energie und auf solchem Maßstab, daß dies in kurzer Zeit dem industriellen Monopol des europäischen Westens ein Ende machen muß. Und diese beiden Umstände wirken auch auf Amerika in revolutionärer Richtung zurück. Das kleine und mittlere Grundeigentum der selbstarbeitenden Farmer, die Grundlage der ganzen politischen Ordnung Amerikas, erliegt mehr und mehr der Konkurrenz der Riesenfarmen, während gleichzeitig in den Industriebezirken sich zum erstenmal ein zahlreiches Proletariat bildet neben einer fabelhaften Konzentration der Kapitale.

Gehen wir nach Rußland. Zur Zeit der Revolution von 1848/49 sahen nicht nur die europäischen Monarchen, sondern auch die europäischen Bourgeois in der russischen Intervention die einzige Rettung vor dem damals eben erst seine Kräfte gewahr werdenden Proletariat. Sie proklamierten den Zaren zum Haupt der europäischen Reaktion. Heute sitzt er in Gatschina als Kriegsgefangner der Revolution, und Rußland bildet die Vorhut der revolutionären Bewegung Europas.

Die Aufgabe des ›Kommunistischen Manifests‹ war die Proklamation des unvermeidlich bevorstehenden Untergangs des heutigen bürgerlichen Eigentums. In Rußland aber finden wir, neben der sich mit Fieberhast entwickelnden kapitalistischen Ordnung und dem sich eben erst bildenden bürgerlichen Grundeigentum, die größere Hälfte des Bodens im Gemeineigentum der Bauern. Es fragt sich nun: Kann die russische Bauerngemeinde, diese allerdings schon sehr zersetzte Form des urwüchsigen Gemeineigentums am Boden, unmittelbar übergehen in eine höhere kommunistische Form des Grundeigentums, oder muß sie vorher denselben Auflösungsprozeß durchmachen, der sich in der historischen Entwicklung des Westens darstellt?

Die einzige heute mögliche Antwort auf diese Frage ist die folgende. Wenn die russische Revolution das Signal zu einer Arbeiterrevolution im Westen wird, so daß beide einander ergänzen, dann kann das heutige russische

Gemeineigentum zum Ausgangspunkt einer kommunistischen Entwicklung dienen.
London, 21. Januar 1882.«

Eine neue polnische Übersetzung erschien um dieselbe Zeit in Genf: »Manifest komunistyczny«.

Ferner ist eine neue dänische Übersetzung erschienen in »Socialdemokratisk Bibliotek«, København 1885. Sie ist leider nicht ganz vollständig; einige wesentliche Stellen, die dem Übersetzer Schwierigkeit gemacht zu haben scheinen, sind ausgelassen und auch sonst hier und da Spuren von Flüchtigkeit zu bemerken, die um so unangenehmer auffallen, als man der Arbeit ansieht, daß der Übersetzer bei etwas mehr Sorgfalt Vorzügliches hätte leisten können.

1886 erschien eine neue französische Übersetzung in »Le Socialiste«, Paris; es ist die beste bisher erschienene.

Nach ihr wurde im selben Jahr eine spanische Übertragung zuerst im Madrider »El Socialista« und dann als Broschüre veröffentlicht: »Manifiesto del Partido Comunista« por Carlos Marx y F. Engels, Madrid, Administración de »El Socialista«, Hernán Cortés 8.

Als Kuriosum erwähne ich noch, daß 1887 das Manuskript einer armenischen Übersetzung einem konstantinopolitanischen Verleger angeboten wurde; der gute Mann hatte jedoch nicht den Mut, etwas zu drucken, worauf der Name Marx stand, und meinte, der Übersetzer solle sich lieber selbst als Verfasser nennen, was dieser jedoch ablehnte.

Nachdem bald die eine, bald die andre der mehr oder minder unrichtigen amerikanischen Übersetzungen mehrfach in England wieder abgedruckt worden, erschien endlich eine authentische Übersetzung im Jahre 1888. Sie ist von meinem Freund Samuel Moore und vor dem Druck von uns beiden nochmals zusammen durchgesehn. Der Titel ist: »Manifesto of the Communist Party«, by Karl Marx and Frederick Engels. Authorized English Translation, edited and annotated by Frederick Engels, 1888, London, William Reeves, 185 Fleet St. E. C. Einige der Anmerkungen dieser Ausgabe habe ich in die gegenwärtige herübergenommen.

Das »Manifest« hat einen eignen Lebenslauf gehabt. Im Augenblick seines Erscheinens von der damals noch wenig zahlreichen Vorhut des wissenschaftlichen Sozialismus enthusiastisch begrüßt (wie die in der ersten Vorrede angeführten Übersetzungen beweisen), wurde es bald in den Hintergrund gedrängt durch die mit der Niederlage der Pariser Arbeiter im Juni 1848 beginnende Reaktion und schließlich »von Rechts wegen« in Acht und Bann erklärt durch die Verurteilung der Kölner Kommunisten, November 1852. Mit dem Verschwinden der von der Februarrevolution datierenden Arbeiterbewegung von der öffentlichen Bühne trat auch das »Manifest« in den Hintergrund.

Als die europäische Arbeiterklasse sich wieder hinreichend gestärkt hatte zu einem neuen Anlauf gegen die Macht der herrschenden Klassen, entstand die Internationale Arbeiter-Assoziation. Sie hatte zum Zweck, die gesamte streitbare Arbeiterschaft Europas und Amerikas zu *einem* großen Heereskörper zu verschmelzen. Sie konnte daher nicht *ausgehen* von den im »Manifest« niedergelegten Grundsätzen. Sie mußte ein Programm haben, das den englischen Trades Unions, den französischen, belgischen, italienischen und spanischen Proudhonisten und den deutschen Lassalleanern die Tür nicht verschloß. Dies Programm – die Erwägungsgründe zu den Statuten der Internationale – wurde von Marx mit einer selbst von Bakunin und den Anarchisten anerkannten Meisterschaft entworfen. Für den schließlichen Sieg der im »Manifest« aufgestellten Sätze verließ sich Marx einzig und allein auf die intellektuelle Entwicklung der Arbeiterklasse, wie die aus der vereinigten Aktion und der Diskussion notwendig hervorgehen mußte. Die Ereignisse und Wechselfälle im Kampf gegen das Kapital, die Niederlagen noch mehr als die Erfolge, konnten nicht umhin, den Kämpfenden die Unzulänglichkeit ihrer bisherigen Allerweltsheilmittel klarzulegen und ihre Köpfe empfänglicher zu machen für eine gründliche Einsicht in die wahren Bedingungen der Arbeiteremanzipation. Und Marx hatte recht. Die Arbeiterklasse von 1874, bei der Auflösung der Internationale, war eine ganz andre, als die von 1864, bei ihrer Gründung, gewesen war. Der Proudhonismus in den romanischen Ländern, der spezifische Lassalleanismus in Deutschland waren am Aussterben, und selbst die damaligen stockkonservativen englischen Trades Unions gingen allmählich dem Punkt entgegen, wo 1887 der Präsident ihres Kongresses in Swansea in ihrem Namen sagen konnte: »Der kontinentale Sozialismus hat seine Schrecken für uns verloren.« Der kontinentale Sozialismus, der war aber schon 1887 fast nur noch die Theorie, die im »Manifest« verkündet wird. Und so spiegelt die Geschichte des »Manifests« bis zu einem gewissen Grade die Geschichte der modernen Arbeiterbewegung seit 1848 wider. Gegenwärtig ist es unzweifelhaft das weitest verbreitete, das internationalste Produkt der gesamten sozialistischen Literatur, das gemeinsame Programm vieler Millionen von Arbeitern aller Länder von Sibirien bis Kalifornien.

Und doch, als es erschien, hätten wir es nicht ein *sozialistisches* Manifest nennen dürfen. Unter Sozialisten verstand man 1847 zweierlei Art von Leuten. Einerseits die Anhänger der verschiedenen utopistischen Systeme, speziell die Owenisten in England und die Fourieristen in Frankreich, die beide schon damals zu bloßen, allmählich aussterbenden Sekten zusammengeschrumpft waren. Andrerseits die mannigfaltigsten sozialen Quacksalber, die mit ihren verschiedenen Allerweltheilmitteln und mit jeder Art von Flickarbeit die gesellschaftlichen Mißstände beseitigen wollten, ohne dem Kapital und dem Profit im geringsten wehe zu tun. In beiden Fällen: Leute, die außerhalb der Arbeiterbewegung standen und die vielmehr Unterstützung suchten bei den »gebildeten« Klassen. Derjenige Teil der Arbeiter dagegen, der, von der

Unzulänglichkeit bloßer politischer Umwälzungen überzeugt, eine gründliche Umgestaltung der Gesellschaft forderte, der Teil nannte sich damals *kommunistisch*. Es war ein nur im Rauhen gearbeiteter, nur instinktiver, manchmal etwas roher Kommunismus; aber er war mächtig genug, um zwei Systeme des utopischen Kommunismus zu erzeugen, in Frankreich den »ikarischen« Cabets, in Deutschland den von Weitling. Sozialismus bedeutete 1847 eine Bourgeoisbewegung, Kommunismus eine Arbeiterbewegung. Der Sozialismus war, auf dem Kontinent wenigstens, salonfähig, der Kommunismus war das grade Gegenteil. Und da wir schon damals sehr entschieden der Ansicht waren, daß »die Emanzipation der Arbeiter das Werk der Arbeiterklasse selbst sein muß«, so konnten wir keinen Augenblick im Zweifel sein, welchen der beiden Namen zu wählen. Auch seitdem ist es uns nie eingefallen, ihn zurückzuweisen.

»Proletarier aller Länder, vereinigt euch!« Nur wenige Stimmen antworteten, als wir diese Worte in die Welt hinausriefen, vor nunmehr 42 Jahren, am Vorabend der ersten Pariser Revolution, worin das Proletariat mit eignen Ansprüchen hervortrat. Aber am 28. September 1864 vereinigten sich Proletarier der meisten westeuropäischen Länder zur Internationalen Arbeiter-Assoziation glorreichen Angedenkens. Die Internationale selbst lebte allerdings nur neun Jahre. Aber daß der von ihr gegründete ewige Bund der Proletarier aller Länder noch lebt, und kräftiger lebt als je, dafür gibt es keinen bessern

Zeugen als grade den heutigen Tag. Denn heute, wo ich diese Zeilen schreibe, hält das europäische und amerikanische Proletariat Heerschau über seine zum erstenmal mobil gemachten Streitkräfte, mobil gemacht als *ein* Heer, unter *einer* Fahne und für *ein* nächstes Ziel: den schon vom Genfer Kongreß der Internationale 1866 und wiederum vom Pariser Arbeiterkongreß 1889 proklamierten, gesetzlich festzustellenden, achtstündigen Normalarbeitstag. Und das Schauspiel des heutigen Tages wird den Kapitalisten und Grundherren aller Länder die Augen darüber öffnen, daß heute die Proletarier aller Länder in der Tat vereinigt sind.

Stände nur Marx noch neben mir, dies mit eignen Augen zu sehn!

London, am 1. Mai 1890
Friedrich Engels

Vorrede zur polnischen Ausgabe von 1892

Die Tatsache, daß eine neue polnische Ausgabe des »Kommunistischen Manifests« notwendig geworden, gibt zu verschiedenen Betrachtungen Anlaß.

Zuerst ist bemerkenswert, daß das »Manifest« neuerdings gewissermaßen zu einem Gradmesser geworden ist für die Entwicklung der großen Industrie auf dem europäischen Kontinent. In dem Maß, wie in einem Lande die große Industrie sich ausdehnt, in dem Maß wächst auch unter den Arbeitern desselben Landes das Verlangen nach Aufklärung über ihre Stellung als Arbeiterklasse gegenüber den besitzenden Klassen, breitet sich unter ihnen die sozialistische Bewegung aus und steigt die Nachfrage nach dem »Manifest«. So daß nicht nur der Stand der Arbeiterbewegung, sondern auch der Entwicklungsgrad der großen Industrie in jedem Land mit ziemlicher Genauigkeit abgemessen werden kann an der Zahl der in der Landessprache verbreiteten Exemplare des »Manifests«.

Hiernach bezeichnet die neue polnische Ausgabe einen entschiednen Fortschritt der polnischen Industrie. Und daß dieser Fortschritt, seit der vor zehn Jahren erschienenen letzten Ausgabe, in Wirklichkeit stattgefunden hat, darüber kann kein Zweifel sein. Russisch-Polen, Kongreß-Polen, ist der große Industriebezirk des russischen Reichs geworden. Während die russische Großindustrie sporadisch zerstreut ist – ein Stück am Finnischen Meerbusen, ein Stück im Zentrum (Moskau und Wladimir), ein drittes am Schwarzen und Asowschen Meer, noch andere anderswo zersprengt –, ist die polnische auf verhältnismäßig kleinem Raum zusammengedrängt und genießt die aus dieser Konzentration entspringenden Vorteile und Nachteile. Die Vorteile erkannten die konkurrierenden russischen Fabrikanten an, als sie Schutzzölle gegen Polen verlangten, trotz ihres sehnlichen Wunsches, die Polen in Russen zu verwandeln. Die Nachteile – für die polnischen Fabrikanten und für die russische Regierung – zeigen sich in der rapiden Verbreitung sozialistischer Ideen unter den polnischen Arbeitern und in der steigenden Nachfrage nach dem »Manifest«.

Die rasche Entwicklung der polnischen Industrie, die der russischen über den Kopf gewachsen, ist aber ihrerseits ein neuer Beweis für die unverwüstliche Lebenskraft des polnischen Volks und eine neue Garantie seiner bevorstehenden nationalen Wiederherstellung. Die Wiederherstellung eines unabhängigen starken Polens ist aber eine Sache, die nicht nur die Polen, sondern die uns alle angeht. Ein aufrichtiges internationales Zusammenwirken der europäischen Nationen ist nur möglich, wenn jede dieser Nationen im eignen Hause vollkommen autonom ist. Die Revolution von 1848, die, unter proletarischer Fahne, proletarische Kämpfer schließlich nur die Arbeit der Bourgeoisie tun ließ, setzte auch durch ihre Testamentsvollstrecker Louis Bonaparte und Bismarck die Unabhängigkeit Italiens, Deutschlands, Ungarns durch; aber Polen, das seit 1792 mehr für die Revolution getan als alle diese drei zusammen, Polen überließ man sich selbst, als es 1863 vor der zehnfachen russischen Übermacht erlag. Die Unabhängigkeit Polens hat der Adel weder erhalten noch wiedererkämpfen gekonnt; der Bourgeoisie ist sie heute zum mindesten gleichgültig. Und doch ist sie eine Notwendigkeit für das harmonische Zusammenwirken der europäischen Nationen. Sie kann erkämpft werden nur vom jungen polnischen Proletariat, und in dessen Händen ist sie gut aufgehoben. Denn die Arbeiter des ganzen übrigen Europas haben die Unabhängigkeit Polens ebenso nötig wie die polnischen Arbeiter selbst.

London, 10. Februar 1892
Friedrich Engels

Vorrede zur italienischen Ausgabe von 1893

Die Veröffentlichung des »Manifests der Kommunistischen Partei« fiel fast auf den Tag genau mit dem 18. März 1848 zusammen, mit den Revolutionen von Mailand und Berlin, wo sich im Zentrum des europäischen Kontinents einerseits und des Mittelländischen Meeres andrerseits zwei Nationen erhoben, die bis dahin durch territoriale Zerstückelung und inneren Hader geschwächt und daher unter Fremdherrschaft geraten waren. Während Italien dem Kaiser von Österreich unterworfen war, hatte Deutschland, wenn auch nicht so unmittelbar, das nicht minder schwere Joch des Zaren aller Reußen zu tragen. Die Auswirkungen des 18. März 1848 befreiten Italien und Deutschland von dieser Schmach; wenn beide großen Nationen in der Zeit von 1848 bis 1871 wiederhergestellt und gewissermaßen sich selbst wiedergegeben wurden, so geschah dies, wie Karl Marx sagte, deshalb, weil dieselben Leute, die die Revolution von 1848 niedergeschlagen hatten, dann wider Willen zu ihren Testamentsvollstreckern wurden.

Die Revolution war damals überall das Werk der Arbeiterklasse; die Arbeiterklasse war es, die die Barrikaden errichtete und ihr Leben in die Schanze schlug. Nur die Arbeiter von Paris hatten, als sie die Regierung stürzten, die ausgesprochene Absicht, das Bourgeoisregime zu stürzen. Doch so sehr sie sich auch des unvermeidlichen Antagonismus bewußt waren, der zwischen ihrer eigenen Klasse und der Bourgeoisie bestand, hatte weder der wirtschaftliche Fortschritt des Landes noch die geistige Entwicklung der französischen Arbeitermassen jenen Grad erreicht, der eine Umgestaltung der Gesellschaft ermöglicht hätte. Die Früchte der Revolution wurden daher letzten Endes von der Kapitalistenklasse eingeheimst. In den anderen Ländern, in Italien, Deutschland, Österreich, taten die Arbeiter von Anfang an nichts anderes, als die Bourgeoisie an die Macht zu bringen. Aber in keinem Lande ist die Herrschaft der Bourgeoisie ohne nationale Unabhängigkeit möglich. Die Revolution von 1848 mußte somit die Einheit und Unabhängigkeit derjenigen Nationen nach sich ziehen, denen es bis dahin daran gebrach: Italien, Deutschland, Ungarn. Polen wird zu seiner Zeit nachfolgen.

Wenn also die Revolution von 1848 keine sozialistische Revolution war, so ebnete sie dieser doch den Weg und bereitete den Boden für sie vor. Mit dem Auftrieb, den das bürgerliche Regime in allen Ländern der Großindustrie gab, hat es in den letzten 45 Jahren allenthalben ein zahlreiches, festgefügtes und starkes Proletariat hervorgebracht; auf diese Weise zeugte es, um einen Ausdruck des »Manifests« zu gebrauchen, seine eigenen Totengräber. Ohne Wiederherstellung der Unabhängigkeit und Einheit jeder europäischen Nation hätte sich weder die internationale Vereinigung des Proletariats noch ein ruhiges, verständiges Zusammenwirken dieser Nationen zur Erreichung gemeinsamer Ziele vollziehen können. Man stelle sich einmal ein gemeinsames internationales Vorgehen der italienischen, ungarischen, deutschen, polnischen, russischen Arbeiter unter den politischen Verhältnissen der Zeit vor 1848 vor!

Die Schlachten von 1848 waren also nicht vergebens, nicht vergebens auch die 45 Jahre, die uns von jener revolutionären Etappe trennen. Die Früchte kommen zur Reife, und ich wünschte nur, daß die Veröffentlichung dieser italienischen Übersetzung des »Manifests« ein gutes Vorzeichen für den Sieg des italienischen Proletariats werde, so wie die Veröffentlichung des Originals es für die internationale Revolution war.

Das »Manifest« läßt der revolutionären Rolle, die der Kapitalismus in der Vergangenheit gespielt hat, volle Gerechtigkeit widerfahren. Die erste kapitalistische Nation war Italien. Der Ausgang des feudalen Mittelalters und der Anbruch des modernen kapitalistischen Zeitalters sind durch eine große Gestalt gekennzeichnet – durch den Italiener Dante, der zugleich der letzte Dichter des Mittelalters und der erste Dichter der Neuzeit war. Heute bricht, wie um 1300, ein neues geschichtliches Zeitalter an. Wird uns Italien den neuen Dante schenken, der die Geburtsstunde des proletarischen Zeitalters verkündet?

        London, 1. Februar 1893 *Friedrich Engels*

II.

Manifest der Kommunistischen Partei
Karl Marx/Friedrich Engels

Ein Gespenst geht um in Europa – das Gespenst des Kommunismus. Alle Mächte des alten Europa haben sich zu einer heiligen Hetzjagd gegen dies Gespenst verbündet, der Papst und der Zar, Metternich und Guizot, französische Radikale und deutsche Polizisten.

Wo ist die Oppositionspartei, die nicht von ihren regierenden Gegnern als kommunistisch verschrien worden wäre, wo die Oppositionspartei, die den fortgeschritteneren Oppositionsleuten sowohl wie ihren reaktionären Gegnern den brandmarkenden Vorwurf des Kommunismus nicht zurückgeschleudert hätte?

Zweierlei geht aus dieser Tatsache hervor. Der Kommunismus wird bereits von allen europäischen Mächten als eine Macht anerkannt.

Es ist hohe Zeit, daß die Kommunisten ihre Anschauungsweise, ihre Zwecke, ihre Tendenzen vor der ganzen Welt offen darlegen und dem Märchen vom Gespenst des Kommunismus ein Manifest der Partei selbst entgegenstellen. Zu diesem Zweck haben sich Kommunisten der verschiedensten Nationalität in London versammelt und das folgende Manifest entworfen, das in englischer, französischer, deutscher, italienischer, flämischer und dänischer Sprache veröffentlicht wird.

I. Bourgeois und Proletarier

Die Geschichte aller bisherigen Gesellschaft ist die Geschichte von Klassenkämpfen.

Freier und Sklave, Patrizier und Plebejer, Baron und Leibeigener, Zunftbürger und Gesell, kurz, Unterdrücker und Unterdrückte standen in stetem Gegensatz zueinander, führten einen ununterbrochenen, bald versteckten, bald offenen Kampf, einen Kampf, der jedesmal mit einer revolutionären Umgestaltung der ganzen Gesellschaft endete oder mit dem gemeinsamen Untergang der kämpfenden Klassen.

In den früheren Epochen der Geschichte finden wir fast überall eine vollständige Gliederung der Gesellschaft in verschiedene Stände, eine mannigfaltige Abstufung der gesellschaftlichen Stellungen. Im alten Rom haben wir Patrizier, Ritter, Plebejer, Sklaven; im Mittelalter Feudalherren, Vasallen, Zunftbürger, Gesellen, Leibeigene, und noch dazu in fast jeder dieser Klassen wieder besondere Abstufungen.

Die aus dem Untergang der feudalen Gesellschaft hervorgegangene moderne bürgerliche Gesellschaft hat die

Klassengegensätze nicht aufgehoben. Sie hat nur neue Klassen, neue Bedingungen der Unterdrückung, neue Gestaltungen des Kampfes an die Stelle der alten gesetzt.

Unsere Epoche, die Epoche der Bourgeoisie, zeichnet sich jedoch dadurch aus, daß sie die Klassengegensätze vereinfacht hat. Die ganze Gesellschaft spaltet sich mehr und mehr in zwei große feindliche Lager, in zwei große, einander direkt gegenüberstehende Klassen: Bourgeoisie und Proletariat.

Aus den Leibeigenen des Mittelalters gingen die Pfahlbürger der ersten Städte hervor; aus dieser Pfahlbürgerschaft entwickelten sich die ersten Elemente der Bourgeoisie.

Die Entdeckung Amerikas, die Umschiffung Afrikas schufen der aufkommenden Bourgeoisie ein neues Terrain. Der ostindische und chinesische Markt, die Kolonisierung von Amerika, der Austausch mit den Kolonien, die Vermehrung der Tauschmittel und der Waren überhaupt gaben dem Handel, der Schiffahrt, der Industrie einen nie gekannten Aufschwung und damit dem revolutionären Element in der zerfallenden feudalen Gesellschaft eine rasche Entwicklung.

Die bisherige feudale oder zünftige Betriebsweise der Industrie reichte nicht mehr aus für den mit neuen Märkten anwachsenden Bedarf. Die Manufaktur trat an ihre Stelle. Die Zunftmeister wurden verdrängt durch den industriellen Mittelstand; die Teilung der Arbeit zwischen den verschiedenen Korporationen verschwand vor der Teilung der Arbeit in der einzelnen Werkstatt selbst.

Aber immer wuchsen die Märkte, immer stieg der Bedarf. Auch die Manufaktur reichte nicht mehr aus. Da revolutionierte der Dampf und die Maschinerie die industrielle Produktion. An die Stelle der Manufaktur trat die moderne große Industrie, an die Stelle des industriellen Mittelstandes traten die industriellen Millionäre, die Chefs ganzer industrieller Armeen, die modernen Bourgeois.

Die große Industrie hat den Weltmarkt hergestellt, den die Entdeckung Amerikas vorbereitete. Der Weltmarkt hat dem Handel, der Schiffahrt, den Landkommunikationen eine unermeßliche Entwicklung gegeben. Diese hat wieder auf die Ausdehnung der Industrie zurückgewirkt, und in demselben Maße, worin Industrie, Handel, Schiffahrt, Eisenbahnen sich ausdehnten, in demselben Maße entwickelte sich die Bourgeoisie, vermehrte sie ihre Kapitalien, drängte sie alle vom Mittelalter her überlieferten Klassen in den Hintergrund.

Wir sehen also, wie die moderne Bourgeoisie selbst das Produkt eines langen Entwicklungsganges, einer Reihe von Umwälzungen in der Produktions- und Verkehrsweise ist.

Jede dieser Entwicklungsstufen der Bourgeoisie war begleitet von einem entsprechenden politischen Fortschritte Unterdrückter Stand unter der Herrschaft der Feudalherren, bewaffnete und sich selbst verwaltende Assoziation in der Kommune, hier unabhängige städtische Republik, dort dritter steuerpflichtiger Stand der Monarchie, dann zur Zeit der Manufaktur Gegengewicht gegen den Adel in der ständischen oder in der absoluten Monarchie, Hauptgrundlage der großen Monarchien überhaupt, erkämpfte sie sich endlich seit der Herstellung der großen Industrie und des Weltmarktes im modernen Repräsentativstaat die ausschließliche politische Herrschaft. Die moderne Staatsgewalt ist nur ein Ausschuß, der die gemeinschaftlichen Geschäfte der ganzen Bourgeoisklasse verwaltet.

Die Bourgeoisie hat in der Geschichte eine höchst revolutionäre Rolle gespielt.

Die Bourgeoisie, wo sie zur Herrschaft gekommen, hat alle feudalen, patriarchalischen, idyllischen Verhältnisse zerstört. Sie hat die buntscheckigen Feudalbande, die den Menschen an seinen natürlichen Vorgesetzten knüpften, unbarmherzig zerrissen und kein anderes Band zwischen Mensch und Mensch übriggelassen als das nackte Interesse, als die gefühllose »bare Zahlung«. Sie hat die heiligen Schauer der frommen Schwärmerei, der ritterlichen Begeisterung, der spießbürgerlichen Wehmut in dem eiskalten Wasser egoistischer Berechnung ertränkt. Sie hat die persönliche Würde in den Tauschwert aufgelöst und an die Stelle der zahllosen verbrieften und wohlerworbenen Freiheiten die eine gewissenlose Handelsfreiheit gesetzt. Sie hat, mit einem Wort, an die Stelle der mit religiösen und politischen Illusionen verhüllten Ausbeutung die offene, unverschämte, direkte, dürre Ausbeutung gesetzt. Die Bourgeoisie hat alle bisher ehrwürdigen und mit frommer Scheu betrachteten Tätigkeiten ihres Heiligenscheins entkleidet. Sie hat den Arzt, den Juristen, den Pfaffen, den Poeten, den Mann der Wissenschaft in ihre bezahlten Lohnarbeiter verwandelt. Die Bourgeoisie hat dem Familienverhältnis seinen rührend-sentimentalen Schleier abgerissen und es auf ein reines Geldverhältnis zurückgeführt.

Die Bourgeoisie hat enthüllt, wie die brutale Kraftäußerung, die die Reaktion so sehr am Mittelalter bewundert, in der trägsten Bärenhäuterei ihre passende Ergänzung fand. Erst sie hat bewiesen, was die Tätigkeit der Menschen zustande bringen kann. Sie hat ganz andere Wunderwerke vollbracht als ägyptische Pyramiden, römische Wasserleitungen und gotische Kathedralen, sie hat ganz andere Züge ausgeführt als Völkerwanderungen und Kreuzzüge.

Die Bourgeoisie kann nicht existieren, ohne die Produktionsinstrumente, also die Produktionsverhältnisse, also sämtliche gesellschaftlichen Verhältnisse fortwährend zu revolutionieren. Unveränderte Beibehaltung der alten Produktionsweise war dagegen die erste Existenzbedingung aller früheren industriellen Klassen. Die fortwährende Umwälzung der Produktion, die ununterbrochene Erschütterung aller gesellschaftlichen Zustände, die ewige Unsicherheit und Bewegung zeichnet die Bourgeoisepoche vor allen anderen aus. Alle festen eingerosteten Verhältnisse mit ihrem Gefolge von altehrwürdigen Vorstellungen und Anschauungen werden aufgelöst, alle neugebildeten veralten, ehe sie verknöchern können. Alles Ständische und Stehende verdampft, alles Heilige wird entweiht, und die Menschen sind endlich gezwungen, ihre Lebensstellung, ihre gegenseitigen Beziehungen mit nüchternen Augen anzusehen.

Das Bedürfnis nach einem stets ausgedehnteren Absatz für ihre Produkte jagt die Bourgeoisie über die ganze Erdkugel. Überall muß sie sich einnisten, überall anbauen, überall Verbindungen herstellen. Die Bourgeoisie hat durch ihre Exploitation des Weltmarkts die Produktion und Konsumtion aller Länder kosmopolitisch gestaltet. Sie hat zum großen Bedauern der Reaktionäre den nationalen Boden der Industrie unter den Füßen weggezogen. Die uralten nationalen Industrien sind vernichtet worden und werden noch täglich vernichtet. Sie werden verdrängt durch neue Industrien, deren Einführung eine Lebensfrage für alle zivilisierten Nationen wird, durch Industrien, die nicht mehr einheimische Rohstoffe, sondern den entlegensten Zonen angehörige Rohstoffe verarbeiten und deren Fabrikate nicht nur im Lande selbst, sondern in allen Weltteilen zugleich verbraucht werden. An die Stelle der alten, durch Landeserzeugnisse befriedigten Bedürfnisse treten neue, welche die Produkte der entferntesten Länder und Klimate zu ihrer Befriedigung erheischen. An die Stelle der alten lokalen und nationalen Selbstgenügsamkeit und Abgeschlossenheit tritt ein allseitiger Verkehr, eine allseitige Abhängigkeit der Nationen voneinander. Und wie in der materiellen, so auch in der geistigen Produktion. Die geistigen Erzeugnisse der einzelnen Nationen werden Gemeingut. Die nationale Einseitigkeit und Beschränktheit wird mehr und mehr unmöglich, und aus den vielen nationalen und lokalen Literaturen bildet sich eine Weltliteratur.

Die Bourgeoisie reißt durch die rasche Verbesserung aller Produktionsinstrumente, durch die unendlich erleichterten Kommunikationen alle, auch die barbarischsten Nationen in die Zivilisation. Die wohlfeilen Preise ihrer Waren sind die schwere Artillerie, mit der sie alle chinesischen Mauern in den Grund schießt, mit der sie den hartnäckigsten Fremdenhaß der Barbaren zur Kapitulation zwingt. Sie zwingt alle Nationen, die Produktionsweise der Bourgeoisie sich anzueignen, wenn sie nicht zugrunde gehen wollen; sie zwingt sie, die sogenannte Zivilisation bei sich selbst einzuführen, d. h. Bourgeois zu werden. Mit einem Wort, sie schafft sich eine Welt nach ihrem eigenen Bilde.

Die Bourgeoisie hat das Land der Herrschaft der Stadt unterworfen. Sie hat enorme Städte geschaffen, sie hat die Zahl der städtischen Bevölkerung gegenüber der ländlichen in hohem Grade vermehrt und so einen bedeutenden Teil der Bevölkerung dem Idiotismus des Landlebens entrissen. Wie sie das Land von der Stadt, hat sie die barbarischen und halbbarbarischen Länder von den zivilisierten, die Bauernvölker von den Bourgeoisvölkern, den Orient vom Okzident abhängig gemacht.

Die Bourgeoisie hebt mehr und mehr die Zersplitterung der Produktionsmittel, des Besitzes und der Bevölkerung auf. Sie hat die Bevölkerung agglomeriert, die Produktionsmittel zentralisiert und das Eigentum in wenigen Händen konzentriert. Die notwendige Folge hiervon war die politische Zentralisation. Unabhängige, fast nur verbündete Provinzen mit verschiedenen Interessen, Gesetzen, Regierungen und Zöllen wurden zusammengedrängt in *eine* Nation, *eine* Regierung, *ein* Gesetz, *ein* nationales Klasseninteresse, *eine* Douanenlinie.

Die Bourgeoisie hat in ihrer kaum hundertjährigen Klassenherrschaft massenhaftere und kolossalere Produktionskräfte geschaffen als alle vergangenen Generationen zusammen. Unterjochung der Naturkräfte, Maschinerie, Anwendung der Chemie auf Industrie und Ackerbau, Dampfschiffahrt, Eisenbahnen, elektrische Telegraphen, Urbarmachung ganzer Weltteile, Schiffbarmachung der Flüsse, ganze aus dem Boden hervorgestampfte Bevölkerungen – welches frühere Jahrhundert ahnte, daß solche Produktionskräfte im Schoß der gesellschaftlichen Arbeit schlummerten.

Wir haben also gesehen: Die Produktions- und Verkehrsmittel, auf deren Grundlage sich die Bourgeoisie heranbildete, wurden in der feudalen Gesellschaft erzeugt. Auf einer gewissen Stufe der Entwicklung dieser

Produktions- und Verkehrsmittel entsprachen die Verhältnisse, worin die feudale Gesellschaft produzierte und austauschte, die feudale Organisation der Agrikultur und Manufaktur, mit einem Wort die feudalen Eigentumsverhältnisse den schon entwickelten Produktivkräften nicht mehr. Sie hemmten die Produktion, statt sie zu fördern. Sie verwandelten sich in ebenso viele Fesseln. Sie mußten gesprengt werden, sie wurden gesprengt.

An ihre Stelle trat die freie Konkurrenz mit der ihr angemessenen gesellschaftlichen und politischen Konstitution, mit der ökonomischen und politischen Herrschaft der Bourgeoisklasse.

Unter unsern Augen geht eine ähnliche Bewegung vor. Die bürgerlichen Produktions- und Verkehrsverhältnisse, die bürgerlichen Eigentumsverhältnisse, die moderne bürgerliche Gesellschaft, die so gewaltige Produktions- und Verkehrsmittel hervorgezaubert hat, gleicht dem Hexenmeister, der die unterirdischen Gewalten nicht mehr zu beherrschen vermag, die er heraufbeschwor. Seit Dezennien ist die Geschichte der Industrie und des Handels nur die Geschichte der Empörung der modernen Produktivkräfte gegen die modernen Produktionsverhältnisse, gegen die Eigentumsverhältnisse, welche die Lebensbedingungen der Bourgeoisie und ihrer Herrschaft sind. Es genügt, die Handelskrisen zu nennen, welche in ihrer periodischen Wiederkehr immer drohender die Existenz der ganzen bürgerlichen Gesellschaft in Frage stellen. In den Handelskrisen wird ein großer Teil nicht nur der erzeugten

Produkte, sondern der bereits geschaffenen Produktivkräfte regelmäßig vernichtet. In den Krisen bricht eine gesellschaftliche Epidemie aus, welche allen früheren Epochen als ein Widersinn erschienen wäre – die Epidemie der Überproduktion. Die Gesellschaft findet sich plötzlich in einen Zustand momentaner Barbarei zurückversetzt; eine Hungersnot, ein allgemeiner Vernichtungskrieg scheinen ihr alle Lebensmittel abgeschnitten zu haben; die Industrie, der Handel scheinen vernichtet, und warum? Weil sie zuviel Zivilisation, zuviel Lebensmittel, zuviel Industrie, zuviel Handel besitzt. Die Produktivkräfte, die ihr zur Verfügung stehen, dienen nicht mehr zur Beförderung der bürgerlichen Eigentumsverhältnisse; im Gegenteil, sie sind zu gewaltig für diese Verhältnisse geworden, sie werden von ihnen gehemmt; und sobald sie dies Hemmnis überwinden, bringen sie die ganze bürgerliche Gesellschaft in Unordnung, gefährden sie die Existenz des bürgerlichen Eigentums. Die bürgerlichen Verhältnisse sind zu eng geworden, um den von ihnen erzeugten Reichtum zu fassen. – Wodurch überwindet die Bourgeoisie die Krisen? Einerseits durch die erzwungene Vernichtung einer Masse von Produktivkräften; anderseits durch die Eroberung neuer Märkte und die gründlichere Ausbeutung alter Märkte. Wodurch also? Dadurch, daß sie allseitigere und gewaltigere Krisen vorbereitet und die Mittel, den Krisen vorzubeugen, vermindert.

Die Waffen, womit die Bourgeoisie den Feudalismus zu Boden geschlagen hat, richten sich jetzt gegen die Bourgeoisie selbst.

Aber die Bourgeoisie hat nicht nur die Waffen geschmiedet, die ihr den Tod bringen; sie hat auch die Männer gezeugt, die diese Waffen führen werden – die modernen Arbeiter, die *Proletarier*. In demselben Maße, worin sich die Bourgeoisie, d. h. das Kapital, entwickelt, in demselben Maße entwickelt sich das Proletariat, die Klasse der modernen Arbeiter, die nur so lange leben, als sie Arbeit finden, und die nur so lange Arbeit finden, als ihre Arbeit das Kapital vermehrt. Diese Arbeiter, die sich stückweis verkaufen müssen, sind eine Ware wie jeder andere Handelsartikel und daher gleichmäßig allen Wechselfällen der Konkurrenz, allen Schwankungen des Marktes ausgesetzt.

Die Arbeit der Proletarier hat durch die Ausdehnung der Maschinerie und die Teilung der Arbeit allen selbständigen Charakter und damit allen Reiz für die Arbeiter verloren. Er wird ein bloßes Zubehör der Maschine, von dem nur der einfachste, eintönigste, am leichtesten erlernbare Handgriff verlangt wird. Die Kosten, die der Arbeiter verursacht, beschränken sich daher fast nur auf die Lebensmittel, die er zu seinem Unterhalt und zur Fortpflanzung seiner Race bedarf. Der Preis einer Ware, also auch der Arbeit, ist aber gleich ihren Produktionskosten. In demselben Maße, in dem die Widerwärtigkeit der Arbeit wächst, nimmt daher der Lohn ab. Noch mehr, in demselben Maße, wie Maschinerie und Teilung der Arbeit zunehmen, in demselben Maße nimmt auch die Masse der Arbeit zu, sei es durch Vermehrung der Arbeitsstunden, sei es durch Vermehrung der in einer gegebenen Zeit geforderten Arbeit, beschleunigten Lauf der Maschinen u. s. w.

Die moderne Industrie hat die kleine Werkstube des patriarchalischen Meisters in die große Fabrik des industriellen Kapitalisten verwandelt. Arbeitermassen, in der Fabrik zusammengedrängt, werden soldatisch organisiert. Sie werden als gemeine Industriesoldaten unter die Aufsicht einer vollständigen Hierarchie von Unteroffizieren und Offizieren gestellt. Sie sind nicht nur Knechte der Bourgeoisklasse, des Bourgeoisstaates, sie sind täglich und stündlich geknechtet von der Maschine, von dem Aufseher und vor allem von den einzelnen fabrizierenden Bourgeois selbst. Diese Despotie ist um so kleinlicher, gehässiger, erbitternder, je offener sie den Erwerb als ihren Zweck proklamiert.

Je weniger die Handarbeit Geschicklichkeit und Kraftäußerung erheischt, d. h., je mehr die moderne Industrie sich entwickelt, desto mehr wird die Arbeit der Männer durch die der Weiber verdrängt. Geschlechts- und Altersunterschiede haben keine gesellschaftliche Geltung mehr für die Arbeiterklasse. Es gibt nur noch Arbeitsinstrumente, die je nach Alter und Geschlecht verschiedene Kosten machen.

Ist die Ausbeutung des Arbeiters durch den Fabrikanten so weit beendigt, daß er seinen Arbeitslohn bar ausgezahlt erhält, so fallen die andern Teile der Bourgeoisie über ihn her, der Hausbesitzer, der Krämer, der Pfandleiher u. s. w.

Die bisherigen kleinen Mittelstände, die kleinen industriellen, Kaufleute und Rentiers, die Handwerker und Bauern, alle diese Klassen fallen ins Proletariat hinab, teils dadurch, daß ihr kleines Kapital für den Betrieb der großen Industrie nicht ausreicht und der Konkurrenz mit den größeren Kapitalisten erliegt, teils dadurch, daß ihre Geschicklichkeit von neuen Produktionsweisen entwertet wird. So rekrutiert sich das Proletariat aus allen Klassen der Bevölkerung.

Das Proletariat macht verschiedene Entwicklungsstufen durch. Sein Kampf gegen die Bourgeoisie beginnt mit seiner Existenz.

Im Anfang kämpfen die einzelnen Arbeiter, dann die Arbeiter einer Fabrik, dann die Arbeiter eines Arbeitszweiges an einem Ort gegen den einzelnen Bourgeois, der sie direkt ausbeutet. Sie richten ihre Angriffe nicht nur gegen die bürgerlichen Produktionsverhältnisse, sie richten sie gegen die Produktionsinstrumente selbst; sie vernichten die fremden konkurrierenden Waren, sie zerschlagen die Maschinen, sie stecken die Fabriken in Brand, sie suchen die untergegangene Stellung des mittelalterlichen Arbeiters wiederzuerringen.

Auf dieser Stufe bilden die Arbeiter eine über das ganze Land zerstreute und durch die Konkurrenz zersplitterte Masse. Massenhaftes Zusammenhalten der Arbeiter ist noch nicht die Folge ihrer eigenen Vereinigung, sondern die Folge der Vereinigung der Bourgeoisie, die zur Erreichung ihrer eigenen politischen Zwecke das ganze Proletariat in Bewegung setzen muß und es einstweilen noch kann. Auf dieser Stufe bekämpfen die Proletarier also nicht ihre Feinde, sondern die Feinde ihrer Feinde, die Reste der absoluten Monarchie, die Grundeigentümer, die nichtindustriellen Bourgeois, die Kleinbürger. Die ganze geschichtliche Bewegung ist so in den Händen der Bourgeoisie konzentriert; jeder Sieg, der so errungen wird, ist ein Sieg der Bourgeoisie.

Aber mit der Entwicklung der Industrie vermehrt sich nicht nur das Proletariat; es wird in größeren Massen zusammengedrängt, seine Kraft wächst, und es fühlt sie mehr. Die Interessen, die Lebenslagen innerhalb des Proletariats gleichen sich immer mehr aus, indem die Maschinerie mehr und mehr die Unterschiede der Arbeit verwischt und den Lohn fast überall auf ein gleich niedriges Niveau herabdrückt. Die wachsende Konkurrenz der Bourgeois unter sich und die daraus hervorgehenden Handelskrisen machen den Lohn der Arbeiter immer schwankender; die immer rascher sich entwickelnde, unaufhörliche Verbesserung der Maschinerie macht ihre ganze Lebensstellung immer unsicherer; immer mehr nehmen die Kollisionen zwischen dem einzelnen Arbeiter und dem einzelnen Bourgeois den Charakter von Kollisionen zweier Klassen an. Die Arbeiter beginnen damit, Koalitionen gegen die Bourgeois zu bilden; sie treten zusammen zur Behauptung ihres Arbeitslohns. Sie stiften selbst dauernde Assoziationen, um sich für die gelegentlichen Empörungen zu verproviantieren. Stellenweise bricht der Kampf in Emeuten aus.

Von Zeit zu Zeit siegen die Arbeiter, aber nur vorübergehend. Das eigentliche Resultat ihrer Kämpfe ist nicht der unmittelbare Erfolg, sondern die immer weiter um sich greifende Vereinigung der Arbeiter. Sie wird befördert durch die wachsenden Kommunikationsmittel, die von der großen Industrie erzeugt werden und die Arbeiter der verschiedenen Lokalitäten miteinander in Verbindung setzen. Es bedarf aber bloß der Verbindung, um die vielen Lokalkämpfe von überall gleichem Charakter zu einem nationalen, zu einem Klassenkampf zu zentralisieren. Jeder Klassenkampf ist aber ein politischer Kampf. Und die Vereinigung, zu der die Bürger des Mittelalters mit ihren Vizinalwegen Jahrhunderte bedurften, bringen die modernen Proletarier mit den Eisenbahnen in wenigen Jahren zustande.

Diese Organisation der Proletarier zur Klasse, und damit zur politischen Partei, wird jeden Augenblick wieder gesprengt durch die Konkurrenz unter den Arbeitern selbst. Aber sie ersteht immer wieder, stärker, fester, mächtiger. Sie erzwingt die Anerkennung einzelner Interessen der Arbeiter in Gesetzesform, indem sie die Spaltungen der Bourgeoisie unter sich benutzt. So die Zehnstundenbill in England.

Die Kollisionen der alten Gesellschaft überhaupt fördern mannigfach den Entwicklungsgang des Proletariats. Die

Bourgeoisie befindet sich in fortwährendem Kampfe: anfangs gegen die Aristokratie; später gegen die Teile der Bourgeoisie selbst, deren Interessen mit dem Fortschritt der Industrie in Widerspruch geraten; stets gegen die Bourgeoisie aller auswärtigen Länder. In allen diesen Kämpfen sieht sie sich genötigt, an das Proletariat zu appellieren, seine Hilfe in Anspruch zu nehmen und es so in die politische Bewegung hineinzureißen. Sie selbst führt also dem Proletariat ihre eigenen Bildungselemente, d. h. Waffen gegen sich selbst, zu.

Es werden ferner, wie wir sahen, durch den Fortschritt der Industrie ganze Bestandteile der herrschenden Klasse ins Proletariat hinabgeworfen oder wenigstens in ihren Lebensbedingungen bedroht. Auch sie führen dem Proletariat eine Masse Bildungselemente zu.

In Zeiten endlich, wo der Klassenkampf sich der Entscheidung nähert, nimmt der Auflösungsprozeß innerhalb der herrschenden Klasse, innerhalb der ganzen alten Gesellschaft, einen so heftigen, so grellen Charakter an, daß ein kleiner Teil der herrschenden Klasse sich von ihr lossagt und sich der revolutionären Klasse anschließt, der Klasse, welche die Zukunft in ihren Händen trägt. Wie daher früher ein Teil des Adels zur Bourgeoisie überging, so geht jetzt ein Teil der Bourgeoisie zum Proletariat über, und namentlich ein Teil der Bourgeoisideologen, welche zum theoretischen Verständnis der ganzen geschichtlichen Bewegung sich hinaufgearbeitet haben.

Von allen Klassen, welche heutzutage der Bourgeoisie gegenüberstehen, ist nur das Proletariat eine wirklich revolutionäre Klasse. Die übrigen Klassen verkommen und gehen unter mit der großen Industrie, das Proletariat ist ihr eigenstes Produkt.

Die Mittelstände, der kleine industrielle, der kleine Kaufmann, der Handwerker, der Bauer, sie alle bekämpfen die Bourgeoisie, um ihre Existenz als Mittelstände vor dem Untergang zu sichern. Sie sind also nicht revolutionär, sondern konservativ. Noch mehr, sie sind reaktionär, sie suchen das Rad der Geschichte zurückzudrehen. Sind sie revolutionär, so sind sie es im Hinblick auf den ihnen bevorstehenden Übergang ins Proletariat, so verteidigen sie nicht ihre gegenwärtigen, sondern ihre zukünftigen Interessen, so verlassen sie ihren eigenen Standpunkt, um sich auf den des Proletariats zu stellen.

Das Lumpenproletariat, diese passive Verfaulung der untersten Schichten der alten Gesellschaft, wird durch eine proletarische Revolution stellenweise in die Bewegung hineingeschleudert, seiner ganzen Lebenslage nach wird es bereitwilliger sein, sich zu reaktionären Umtrieben erkaufen zu lassen.

Die Lebensbedingungen der alten Gesellschaft sind schon vernichtet in den Lebensbedingungen des Proletariats. Der Proletarier ist eigentumslos; sein Verhältnis zu Weib und Kindern hat nichts mehr gemein mit dem bürgerlichen Familienverhältnis; die moderne industrielle

Arbeit, die moderne Unterjochung unter das Kapital, dieselbe in England wie in Frankreich, in Amerika wie in Deutschland, hat ihm allen nationalen Charakter abgestreift. Die Gesetze, die Moral, die Religion sind für ihn ebenso viele bürgerliche Vorurteile, hinter denen sich ebenso viele bürgerliche Interessen verstecken.

Alle früheren Klassen, die sich die Herrschaft eroberten, suchten ihre schon erworbene Lebensstellung zu sichern, indem sie die ganze Gesellschaft den Bedingungen ihres Erwerbs unterwarfen. Die Proletarier können sich die gesellschaftlichen Produktivkräfte nur erobern, indem sie ihre eigene bisherige Aneignungsweise und damit die ganze bisherige Aneignungsweise abschaffen. Die Proletarier haben nichts von dem ihrigen zu sichern, sie haben alle bisherigen Privatsicherheiten und Privatversicherungen zu zerstören.

Alle bisherigen Bewegungen waren Bewegungen von Minoritäten oder im Interesse von Minoritäten. Die proletarische Bewegung ist die selbständige Bewegung der ungeheuren Mehrzahl im Interesse der ungeheuren Mehrzahl. Das Proletariat, die unterste Schichte der jetzigen Gesellschaft, kann sich nicht erheben, nicht aufrichten, ohne daß der ganze Überbau der Schichten, die die offizielle Gesellschaft bilden, in die Luft gesprengt wird.

Obgleich nicht dem Inhalt, ist der Form nach der Kampf des Proletariats gegen die Bourgeoisie zunächst ein nationaler. Das Proletariat eines jeden Landes muß natürlich zuerst mit seiner eigenen Bourgeoisie fertig werden.

Indem wir die allgemeinsten Phasen der Entwicklung des Proletariats zeichneten, verfolgten wir den mehr oder minder versteckten Bürgerkrieg innerhalb der bestehenden Gesellschaft bis zu dem Punkt, wo er in eine offene Revolution ausbricht und durch den gewaltsamen Sturz der Bourgeoisie das Proletariat seine Herrschaft begründet.

Alle bisherige Gesellschaft beruhte, wie wir gesehen haben, auf dem Gegensatz unterdrückender und unterdrückter Klassen. Um aber eine Klasse unterdrücken zu können, müssen ihr Bedingungen gesichert sein, innerhalb derer sie wenigstens ihre knechtische Existenz fristen kann. Der Leibeigene hat sich zum Mitglied der Kommune in der Leibeigenschaft herangearbeitet wie der Kleinbürger zum Bourgeois unter dem Joch des feudalistischen Absolutismus. Der moderne Arbeiter dagegen, statt sich mit dem Fortschritt der Industrie zu heben, sinkt immer tiefer unter die Bedingungen seiner eigenen Klasse herab. Der Arbeiter wird zum Pauper, und der Pauperismus entwickelt sich noch schneller als Bevölkerung und Reichtum. Es tritt hiermit offen hervor, daß die Bourgeoisie unfähig ist, noch länger die herrschende Klasse der Gesellschaft zu bleiben und die Lebensbedingungen ihrer Klasse der Gesellschaft als regelndes Gesetz aufzuzwingen. Sie ist unfähig zu herrschen, weil sie unfähig ist, ihrem Sklaven die Existenz selbst innerhalb seiner Sklaverei zu sichern, weil sie gezwungen ist, ihn in eine Lage herabsinken zu lassen, wo sie ihn ernähren muß, statt von ihm ernährt zu werden. Die Gesellschaft kann nicht mehr unter ihr leben, d.h., ihr Leben ist nicht mehr verträglich mit der Gesellschaft.

Die wesentliche Bedingung für die Existenz und für die Herrschaft der Bourgeoisklasse ist die Anhäufung des Reichtums in den Händen von Privaten, die Bildung und Vermehrung des Kapitals; die Bedingung des Kapitals ist die Lohnarbeit. Die Lohnarbeit beruht ausschließlich auf der Konkurrenz der Arbeiter unter sich. Der Fortschritt der Industrie, dessen willenloser und widerstandsloser Träger die Bourgeoisie ist, setzt an die Stelle der Isolierung der Arbeiter durch die Konkurrenz ihre revolutionäre Vereinigung durch die Assoziation. Mit der Entwicklung der großen Industrie wird also unter den Füßen der Bourgeoisie die Grundlage selbst hinweggezogen worauf sie produziert und die Produkte sich aneignet. Sie produziert vor allem ihren eigenen Totengräber. Ihr Untergang und der Sieg des Proletariats sind gleich unvermeidlich.

II. Proletarier und Kommunisten

In welchem Verhältnis stehen die Kommunisten zu den Proletariern überhaupt?

Die Kommunisten sind keine besondere Partei gegenüber den andern Arbeiterparteien.

Sie haben keine von den Interessen des ganzen Proletariats getrennten Interessen.

Sie stellen keine besonderen Prinzipien auf, wonach sie die proletarische Bewegung modeln wollen. Die Kommunisten unterscheiden sich von den übrigen proletarischen Parteien nur dadurch, daß sie einerseits in den verschiedenen nationalen Kämpfen der Proletarier die gemeinsamen, von der Nationalität unabhängigen Interessen des gesamten Proletariats hervorheben und zur Geltung bringen, andrerseits dadurch, daß sie in den verschiedenen Entwicklungsstufen, welche der Kampf zwischen Proletariat und Bourgeoisie durchläuft, stets das Interesse der Gesamtbewegung vertreten.

Die Kommunisten sind also praktisch der entschiedenste, immer weitertreibende Teil der Arbeiterparteien aller Länder; sie haben theoretisch vor der übrigen Masse des Proletariats die Einsicht in die Bedingungen, den Gang und die allgemeinen Resultate der proletarischen Bewegung voraus.

Der nächste Zweck der Kommunisten ist derselbe wie der aller übrigen proletarischen Parteien: Bildung des Proletariats zur Klasse, Sturz der Bourgeoisieherrschaft, Eroberung der politischen Macht durch das Proletariat.

Die theoretischen Sätze der Kommunisten beruhen keineswegs auf Ideen, auf Prinzipien, die von diesem oder jenem Weltverbesserer erfunden oder entdeckt sind.

Sie sind nur allgemeine Ausdrücke tatsächlicher Verhältnisse eines existierenden Klassenkampfes, einer unter unseren Augen vor sich gehenden geschichtlichen Bewegung. Die Abschaffung bisheriger Eigentumsverhältnisse ist nichts den Kommunismus eigentümlich Bezeichnendes.

Alle Eigentumsverhältnisse waren einem beständigen geschichtlichen Wechsel, einer beständigen geschichtlichen Veränderung unterworfen.

Die Französische Revolution z.B. schaffte das Feudaleigentum zugunsten des bürgerlichen ab.

Was den Kommunismus auszeichnet, ist nicht die Abschaffung des Eigentums überhaupt, sondern die Abschaffung des bürgerlichen Eigentums.

Aber das moderne bürgerliche Privateigentum ist der letzte und vollendetste Ausdruck der Erzeugung und Aneignung der Produkte, die auf Klassengegensätzen, auf der Ausbeutung der einen durch die anderen beruht.

In diesem Sinne können die Kommunisten ihre Theorie in dem einen Ausdruck – Aufhebung des Privateigentums – zusammenfassen.

Man hat uns Kommunisten vorgeworfen, wir wollten das persönlich erworbene, selbsterarbeitete Eigentum abschaffen; das Eigentum, welches die Grundlage aller persönlichen Freiheit, Tätigkeit und Selbständigkeit bilde.

Erarbeitetes, erworbenes, selbstverdientes Eigentum! Sprecht ihr von dem kleinbürgerlichen, kleinbäuerlichen Eigentum, welches dem bürgerlichen Eigentum vorherging? Wir brauchen es nicht abzuschaffen, die Entwicklung der Industrie hat es abgeschafft und schafft es täglich ab.

Oder sprecht ihr vom modernen bürgerlichen Privateigentum? Schafft aber die Lohnarbeit, die Arbeit des Proletariers ihm Eigentum? Keineswegs. Sie schafft das Kapital, d. h. das Eigentum, welches die Lohnarbeit ausbeutet, welches sich nur unter der Bedingung vermehren kann, daß es neue Lohnarbeit erzeugt, um sie von neuem auszubeuten. Das Eigentum in seiner heutigen Gestalt bewegt sich in dem Gegensatz von Kapital und Lohnarbeit. Betrachten wir die beiden Seiten dieses Gegensatzes. Kapitalist sein, heißt nicht nur eine rein persönliche, sondern eine gesellschaftliche Stellung in der Produktion einnehmen.

Das Kapital ist ein gemeinschaftliches Produkt und kann nur durch eine gemeinsame Tätigkeit vieler Mitglieder, ja in letzter Instanz nur durch die gemeinsame Tätigkeit aller Mitglieder der Gesellschaft in Bewegung gesetzt werden.

Das Kapital ist also keine persönliche, es ist eine gesellschaftliche Macht.

Wenn also das Kapital in gemeinschaftliches, allen Mitgliedern der Gesellschaft angehöriges Eigentum verwandelt wird, so verwandelt sich nicht persönliches Eigentum in gesellschaftliches. Nur der gesellschaftliche Charakter des Eigentums verwandelt sich. Es verliert seinen Klassencharakter.

Kommen wir zur Lohnarbeit:

Der Durchschnittspreis der Lohnarbeit ist das Minimum des Arbeitslohnes, d.h. die Summe der Lebensmittel, die notwendig sind, um den Arbeiter als Arbeiter am Leben zu erhalten. Was also der Lohnarbeiter durch seine Tätigkeit sich aneignet, reicht bloß dazu hin, um sein nacktes Leben wieder zu erzeugen. Wir wollen diese persönliche Aneignung der Arbeitsprodukte zur Wiedererzeugung des unmittelbaren Lebens keineswegs abschaffen, eine Aneignung, die keinen Reinertrag übrigläßt, der Macht über fremde Arbeit geben könnte. Wir wollen nur den elenden Charakter dieser Aneignung aufheben, worin der Arbeiter nur lebt, um das Kapital zu vermehren, nur so weit lebt, wie es das Interesse der herrschenden Klasse erheischt.

In der bürgerlichen Gesellschaft ist die lebendige Arbeit nur ein Mittel, die aufgehäufte Arbeit zu vermehren. In der kommunistischen Gesellschaft ist die aufgehäufte

Arbeit nur ein Mittel, um den Lebensprozeß der Arbeiter zu erweitern, zu bereichern, zu befördern.

In der bürgerlichen Gesellschaft herrscht also die Vergangenheit über die Gegenwart, in der kommunistischen die Gegenwart über die Vergangenheit. In der bürgerlichen Gesellschaft ist das Kapital selbständig und persönlich, während das tätige Individuum unselbständig und unpersönlich ist.

Und die Aufhebung dieses Verhältnisses nennt die Bourgeoisie Aufhebung der Persönlichkeit und Freiheit! Und mit Recht. Es handelt sich allerdings um die Aufhebung der Bourgeois-Persönlichkeit, -Selbständigkeit und Freiheit.

Unter Freiheit versteht man innerhalb der jetzigen bürgerlichen Produktionsverhältnisse den freien Handel, den freien Kauf und Verkauf.

Fällt aber der Schacher, so fällt auch der freie Schacher. Die Redensarten vom freien Schacher, wie alle übrigen Freiheitsbravaden unserer Bourgeoisie, haben überhaupt nur einen Sinn gegenüber dem gebundenen Schacher, gegenüber dem geknechteten Bürger des Mittelalters, nicht aber gegenüber der kommunistischen Aufhebung des Schachers, der bürgerlichen Produktionsverhältnisse und der Bourgeoisie selbst.

Ihr entsetzt euch darüber, daß wir das Privateigentum aufheben wollen. Aber in eurer bestehenden Gesellschaft ist das Privateigentum für neun Zehntel ihrer Mitglieder aufgehoben; es existiert gerade dadurch, daß es für neun Zehntel nicht existiert. Ihr werft uns also vor, daß wir ein Eigentum aufheben wollen, welches die Eigentumslosigkeit der ungeheuren Mehrzahl der Gesellschaft als notwendige Bedingung voraussetzt.

Ihr werft uns mit einem Worte vor, daß wir euer Eigentum aufheben wollen. Allerdings, das wollen wir.

Von dem Augenblick an, wo die Arbeit nicht mehr in Kapital, Geld, Grundrente, kurz, in eine monopolisierbare gesellschaftliche Macht verwandelt werden kann, d. h. von dem Augenblick, wo das persönliche Eigentum nicht mehr in bürgerliches umschlagen kann, von dem Augenblick an erklärt ihr, die Person sei aufgehoben.

Ihr gesteht also, daß ihr unter der Person niemanden anderes versteht als den Bourgeois, den bürgerlichen Eigentümer. Und diese Person soll allerdings aufgehoben werden.

Der Kommunismus nimmt keinem die Macht, sich gesellschaftliche Produkte anzueignen, er nimmt nur die Macht, sich durch diese Aneignung fremde Arbeit zu unterjochen.

Man hat eingewendet, mit der Aufhebung des Privateigentums werde alle Tätigkeit aufhören und eine allgemeine Faulheit einreißen.

Hiernach müßte die bürgerliche Gesellschaft längst an der Trägheit zugrunde gegangen sein; denn *die* in ihr arbeiten, erwerben nicht, und *die* in ihr erwerben, arbeiten nicht. Das ganze Bedenken läuft auf die Tautologie hinaus, daß es keine Lohnarbeit mehr gibt, sobald es kein Kapital mehr gibt.

Alle Einwürfe, die gegen die kommunistische Aneignungs- und Produktionsweise der materiellen Produkte gerichtet werden, sind ebenso auf die Aneignung und Produktion der geistigen Produkte ausgedehnt worden. Wie für den Bourgeois das Aufhören des Klasseneigentums das Aufhören der Produktion selbst ist, so ist für ihn das Aufhören der Klassenbildung identisch mit dem Aufhören der Bildung überhaupt.

Die Bildung, deren Verlust er bedauert, ist für die enorme Mehrzahl die Heranbildung zur Maschine.

Aber streitet nicht mit uns, indem ihr an euren bürgerlichen Vorstellungen von Freiheit, Bildung, Recht u. s. w. die Abschaffung des bürgerlichen Eigentums meßt. Eure Ideen selbst sind Erzeugnisse der bürgerlichen Produktions- und Eigentumsverhältnisse, wie euer Recht nur der zum Gesetz erhobene Wille eurer Klasse ist, ein Wille, dessen Inhalt gegeben ist in den materiellen Lebensbedingungen eurer Klasse.

Die interessierte Vorstellung, worin ihr eure Produktions- und Eigentumsverhältnisse aus geschichtlichen, in dem Lauf der Produktion vorübergehenden Verhältnissen in ewige Natur- und Vernunftgesetze verwandelt, teilt ihr mit allen untergegangenen herrschenden Klassen. Was ihr für das antike Eigentum begreift, was ihr für das feudale Eigentum begreift, dürft ihr nicht mehr begreifen für das bürgerliche Eigentum.

Aufhebung der Familie! Selbst die Radikalsten ereifern sich über diese schändliche Absicht der Kommunisten.

Worauf beruht die gegenwärtige, die bürgerliche Familie? Auf dem Kapital, auf dem Privaterwerb. Vollständig entwickelt existiert sie nur für die Bourgeoisie; aber sie findet ihre Ergänzung in der erzwungenen Familienlosigkeit der Proletarier und der öffentlichen Prostitution.

Die Familie der Bourgeois fällt natürlich weg mit dem Wegfallen dieser ihrer Ergänzung, und beide verschwinden mit dem Verschwinden des Kapitals.

Werft ihr uns vor, daß wir die Ausbeutung der Kinder durch ihre Eltern aufheben wollen? Wir gestehen dieses Verbrechen ein. Aber, sagt ihr, wir heben die trautesten Verhältnisse auf, indem wir an die Stelle der häuslichen Erziehung die gesellschaftliche setzen.

Und ist nicht auch eure Erziehung durch die Gesellschaft bestimmt? Durch die gesellschaftlichen Verhältnisse, innerhalb derer ihr erzieht, durch die direktere oder indirektere Einmischung der Gesellschaft, vermittelst der

Schule u. s. w.? Die Kommunisten erfinden nicht die Einwirkung der Gesellschaft auf die Erziehung: sie verändern nur ihren Charakter, sie entreißen die Erziehung dem Einfluß der herrschenden Klasse.

Die bürgerlichen Redensarten über Familie und Erziehung, über das traute Verhältnis von Eltern und Kindern werden um so ekelhafter, je mehr infolge der großen Industrie alle Familienbande für die Proletarier zerrissen und die Kinder in einfache Handelsartikel und Arbeitsinstrumente verwandelt werden.

Aber ihr Kommunisten wollt die Weibergemeinschaft einführen, schreit uns die ganze Bourgeoisie im Chor entgegen.

Der Bourgeois sieht in seiner Frau ein bloßes Produktionsinstrument. Er hört, daß die Produktionsinstrumente gemeinschaftlich ausgebeutet werden sollen, und kann sich natürlich nichts anderes denken, als daß das Los der Gemeinschaftlichkeit die Weiber gleichfalls treffen wird.

Er ahnt nicht, daß es sich eben darum handelt, die Stellung der Weiber als bloßer Produktionsinstrumente aufzuheben.

Übrigens ist nichts lächerlicher als das hochmoralische Entsetzen unsrer Bourgeois über die angebliche offizielle Weibergemeinschaft der Kommunisten. Die Kommunisten brauchen die Weibergemeinschaft nicht einzuführen, sie hat fast immer existiert.

Unsere Bourgeois, nicht zufrieden damit, daß ihnen die Weiber und Töchter ihrer Proletarier zur Verfügung stehen, von der offiziellen Prostitution gar nicht zu sprechen, finden ein Hauptvergnügen darin, ihre Ehefrauen wechselseitig zu verführen.

Die bürgerliche Ehe ist in Wirklichkeit die Gemeinschaft der Ehefrauen. Man könnte höchstens den Kommunisten vorwerfen, daß sie an Stelle einer heuchlerisch versteckten eine offizielle, offenherzige Weibergemeinschaft einführen wollten. Es versteht sich übrigens von selbst, daß mit Aufhebung der jetzigen Produktionsverhältnisse auch die aus ihnen hervorgehende Weibergemeinschaft, d.h. die offizielle und nichtoffizielle Prostitution, verschwindet.

Den Kommunisten ist ferner vorgeworfen worden, sie wollten das Vaterland, die Nationalität abschaffen.

Die Arbeiter haben kein Vaterland. Man kann ihnen nicht nehmen, was sie nicht haben. Indem das Proletariat sich zunächst die politische Herrschaft erobern, sich zur nationalen Klasse erheben, sich selbst als Nation konstituieren muß, ist es selbst noch national, wenn auch keineswegs im Sinne der Bourgeoisie.

Die nationalen Absonderungen und Gegensätze der Völker verschwinden mehr und mehr schon mit der Entwicklung der Bourgeoisie, mit der Handelsfreiheit, dem Weltmarkt, der Gleichförmigkeit der industriellen Produktion und der ihr entsprechenden Lebensverhältnisse.

Die Herrschaft des Proletariats wird sie noch mehr verschwinden machen. Vereinigte Aktion, wenigstens der zivilisierten Länder, ist eine der ersten Bedingungen seiner Befreiung.

In dem Maße, wie die Exploitation des einen Individuums durch das andere aufgehoben wird, wird die Exploitation einer Nation durch die andere aufgehoben.

Mit dem Gegensatz der Klassen im Innern der Nation fällt die feindliche Stellung der Nationen gegeneinander.

Die Anklagen gegen den Kommunismus, die von religiösen, philosophischen und ideologischen Gesichtspunkten überhaupt erhoben werden, verdienen keine ausführlichere Erörterung.

Bedarf es tiefer Einsicht, um zu begreifen, daß mit den Lebensverhältnissen der Menschen, mit ihren gesellschaftlichen Beziehungen, mit ihrem gesellschaftlichen Dasein, auch ihre Vorstellungen, Anschauungen und Begriffe, mit einem Worte auch ihr Bewußtsein sich ändert?

Was beweist die Geschichte der Ideen anderes, als daß die geistige Produktion sich mit der materiellen umgestaltet?

Die herrschenden Ideen einer Zeit waren stets nur die Ideen der herrschenden Klasse.

Man spricht von Ideen, welche eine ganze Gesellschaft revolutionieren; man spricht damit nur die Tatsache aus, daß sich innerhalb der alten Gesellschaft die Elemente einer neuen gebildet haben, daß mit der Auflösung der alten Lebensverhältnisse die Auflösung der alten Ideen gleichen Schritt hält.

Als die alte Welt im Untergehen begriffen war, wurden die alten Religionen von der christlichen Religion besiegt. Als die christlichen Ideen im 18. Jahrhundert den Aufklärungsideen unterlagen, rang die feudale Gesellschaft ihren Todeskampf mit der damals revolutionären Bourgeoisie. Die Ideen der Gewissens- und Religionsfreiheit sprachen nur die Herrschaft der freien Konkurrenz auf dem Gebiete des Gewissens aus.

Aber, wird man sagen, religiöse, moralische, philosophische, politische, rechtliche Ideen u. s. w. modifizierten sich allerdings im Lauf der geschichtlichen Entwicklung. Die Religion, die Moral, die Philosophie, die Politik, das Recht erhielten sich stets in diesem Wechsel.

Es gibt zudem ewige Wahrheiten, wie Freiheit, Gerechtigkeit u. s. w., die allen gesellschaftlichen Zuständen gemeinsam sind. Der Kommunismus aber schafft die ewigen Wahrheiten ab, er schafft die Religion ab, die Moral, statt sie neu zu gestalten, er widerspricht also allen bisherigen geschichtlichen Entwicklungen.

Worauf reduziert sich diese Anklage? Die Geschichte der ganzen bisherigen Gesellschaft bewegte sich in Klassengegensätzen, die in den verschiedenen Epochen verschieden gestaltet waren.

Welche Form sie aber auch immer angenommen, die Ausbeutung des einen Teils der Gesellschaft durch den andern ist eine allen vergangenen Jahrhunderten gemeinsame Tatsache. Kein Wunder daher, daß das gesellschaftliche Bewußtsein aller Jahrhunderte, aller Mannigfaltigkeit und Verschiedenheit zum Trotz, in gewissen gemeinsamen Formen sich bewegt, in Bewußtseinsformen, die nur mit dem gänzlichen Verschwinden des Klassengegensatzes sich vollständig auflösen.

Die kommunistische Revolution ist das radikalste Brechen mit den überlieferten Eigentumsverhältnissen; kein Wunder, daß in ihrem Entwicklungsgange am radikalsten mit den überlieferten Ideen gebrochen wird.
 Doch lassen wir die Einwürfe der Bourgeoisie gegen den Kommunismus.

Wir sahen schon oben, dass der erste Schritt in der Arbeiterrevolution die Erhebung des Proletariats zur herrschenden Klasse, die Erkämpfung der Demokratie ist.

Das Proletariat wird seine politische Herrschaft dazu benutzen, der Bourgeoisie nach und nach alles Kapital zu entreißen, alle Produktionsinstrumente in den Händen des Staats, d. h. des als herrschende Klasse organisierten

Proletariats, zu zentralisieren und die Masse der Produktionskräfte möglichst rasch zu vermehren. Es kann dies natürlich zunächst nur geschehen vermittelst despotischer Eingriffe in das Eigentumsrecht und in die bürgerlichen Produktionsverhältnisse, durch Maßregeln also, die ökonomisch unzureichend und unhaltbar erscheinen, die aber im Lauf der Bewegung über sich selbst hinaustreiben und als Mittel zur Umwälzung der ganzen Produktionsweise unvermeidlich sind.

Diese Maßregeln werden natürlich je nach den verschiedenen Ländern verschieden sein.

Für die fortgeschrittensten Länder werden jedoch die folgenden ziemlich allgemein in Anwendung kommen können:
1. Expropriation des Grundeigentums und Verwendung der Grundrente zu Staatsausgaben.
2. Starke Progressivsteuer.
3. Abschaffung des Erbrechts.
4. Konfiskation des Eigentums aller Emigranten und Rebellen.
5. Zentralisation des Kredits in den Händen des Staats durch eine Nationalbank mit Staatskapital und ausschließlichem Monopol.
6. Zentralisation des Transportwesens in den Händen des Staats.
7. Vermehrung der Nationalfabriken, Produktionsinstrumente, Urbarmachung und Verbesserung der Ländereien nach einem gemeinschaftlichen Plan.

8. Gleicher Arbeitszwang für alle, Errichtung industrieller Armeen, besonders für den Ackerbau.
9. Vereinigung des Betriebs von Ackerbau und Industrie, Hinwirken auf die allmähliche Beseitigung des Unterschieds von Stadt und Land.
10. Öffentliche und unentgeltliche Erziehung aller Kinder. Beseitigung der Fabrikarbeit der Kinder in ihrer heutigen Form. Vereinigung der Erziehung mit der materiellen Produktion u. s. w.

Sind im Laufe der Entwicklung die Klassenunterschiede verschwunden und ist alle Produktion in den Händen der assoziierten Individuen konzentriert, so verliert die öffentliche Gewalt den politischen Charakter. Die politische Gewalt im eigentlichen Sinne ist die organisierte Gewalt einer Klasse zur Unterdrückung einer andern. Wenn das Proletariat im Kampfe gegen die Bourgeoisie sich notwendig zur Klasse vereint, durch eine Revolution sich zur herrschenden Klasse macht und als herrschende Klasse gewaltsam die alten Produktionsverhältnisse aufhebt, so hebt es mit diesen Produktionsverhältnissen die Existenzbedingungen des Klassengegensatzes, die Klassen überhaupt, und damit seine eigene Herrschaft als Klasse auf.

An die Stelle der alten bürgerlichen Gesellschaft mit ihren Klassen und Klassengegensätzen tritt eine Assoziation, worin die freie Entwicklung eines jeden die Bedingung für die freie Entwicklung aller ist.

III. Sozialistische und kommunistische Literatur

1. Der reaktionäre Sozialismus

Der feudale Sozialismus

Die französische und englische Aristokratie war ihrer geschichtlichen Stellung nach dazu berufen, Pamphlete gegen die moderne bürgerliche Gesellschaft zu schreiben. In der französischen Julirevolution von 1830, in der englischen Reformbewegung war sie noch einmal dem verhaßten Emporkömmling erlegen. Von einem ernsten politischen Kampfe konnte nicht mehr die Rede sein. Nur der literarische Kampf blieb ihr übrig. Aber auch auf dem Gebiete der Literatur waren die alten Redensarten der Restaurationszeit unmöglich geworden. Um Sympathie zu erregen, mußte die Aristokratie scheinbar ihre Interessen aus dem Auge verlieren und nur im Interesse der exploitierten Arbeiterklasse ihren Anklageakt gegen die Bourgeoisie formulieren. Sie bereitete so die Genugtuung vor, Schmählieder auf ihren neuen Herrscher singen und mehr oder minder unheilschwangere Prophezeiungen ihm ins Ohr raunen zu dürfen.

Auf diese Art entstand der feudalistische Sozialismus, halb Klagelied, halb Pasquill, halb Rückhall der Vergangenheit, halb Dräuen der Zukunft, mitunter die Bourgeoisie ins Herz treffend durch bitteres, geistreich zerreißendes Urteil, stets komisch wirkend durch gänzliche Unfähigkeit, den Gang der modernen Geschichte zu begreifen.

Den proletarischen Bettelsack schwenkten sie als Fahne in der Hand, um das Volk hinter sich her zu versammeln. Sooft es ihnen aber folgte, erblickte es auf ihrem Hintern die alten feudalen Wappen und verlief sich mit lautem und unehrerbietigem Gelächter.

Ein Teil der französischen Legitimisten und das Junge England gaben dies Schauspiel zum besten.

Wenn die Feudalen beweisen, daß ihre Weise der Ausbeutung anders gestaltet war als die bürgerliche Ausbeutung, so vergessen sie nur, daß sie unter gänzlich verschiedenen und jetzt überlebten Umständen und Bedingungen ausbeuteten. Wenn sie nachweisen, daß unter ihrer Herrschaft nicht das moderne Proletariat existiert hat, so vergessen sie nur, daß eben die moderne Bourgeoisie ein notwendiger Sprößling ihrer Gesellschaftsordnung war.

Übrigens verheimlichen sie den reaktionären Charakter ihrer Kritik so wenig, daß ihre Hauptanklage gegen die Bourgeoisie eben darin besteht, unter ihrem Regime entwickle sich eine Klasse, welche die ganze alte Gesellschaftsordnung in die Luft sprengen werde.

Sie werfen der Bourgeoisie mehr noch vor, daß sie ein revolutionäres Proletariat, als daß sie überhaupt ein Proletariat erzeugt.

In der politischen Praxis nehmen sie daher an allen Gewaltmaßregeln gegen die Arbeiterklasse teil, und im gewöhnlichen Leben bequemen sie sich, allen ihren aufgeblähten Redensarten zum Trotz die goldnen Äpfel aufzulesen und Treue, Liebe, Ehre mit dem Schacher in Schafswolle, Runkelrüben und Schnaps zu vertauschen.

Wie der Pfaffe immer Hand in Hand ging mit dem Feudalen, so der pfäffische Sozialismus mit dem feudalistischen.

Nichts leichter, als dem christlichen Asketismus einen sozialistischen Anstrich zu geben. Hat das Christentum nicht auch gegen das Privateigentum, gegen die Ehe, gegen den Staat geeifert? Hat es nicht die Wohltätigkeit und den Bettel, das Zölibat und die Fleischesertötung, das Zellenleben und die Kirche an ihrer Stelle gepredigt? Der christliche Sozialismus ist nur das Weihwasser, womit der Pfaffe den Ärger des Aristokraten einsegnet.

Kleinbürgerlicher Sozialismus

Die feudale Aristokratie ist nicht die einzige Klasse, welche durch die Bourgeoisie gestürzt wurde, deren Lebensbedingungen in der modernen bürgerlichen Gesellschaft verkümmerten und abstarben. Das mittelalterliche Pfahlbürgertum und der kleine Bauernstand waren die Vorläufer der modernen Bourgeoisie. In den weniger industriell und kommerziell entwickelten Ländern vegetiert diese Klasse noch fort neben der aufkommenden Bourgeoisie.

In den Ländern, wo sich die moderne Zivilisation entwickelt hat, hat sich eine neue Kleinbürgerschaft gebildet, die zwischen dem Proletariat und der Bourgeoisie schwebt und als ergänzender Teil der bürgerlichen Gesellschaft stets von neuem sich bildet, deren Mitglieder aber beständig durch die Konkurrenz ins Proletariat hinabgeschleudert werden, ja selbst mit der Entwicklung der großen Industrie einen Zeitpunkt herannahen sehen, wo sie als selbständiger Teil der modernen Gesellschaft gänzlich verschwinden und im Handel, in der Manufaktur, in der Agrikultur durch Arbeitsaufseher und Domestiken ersetzt werden.

In Ländern wie in Frankreich, wo die Bauernklasse weit mehr als die Hälfte der Bevölkerung ausmacht, war es natürlich, daß Schriftsteller, die für das Proletariat gegen die Bourgeoisie auftraten, an ihre Kritik des Bourgeoisregimes den kleinbürgerlichen und kleinbäuerlichen Maßstab anlegten und die Partei der Arbeiter vom Standpunkt des Kleinbürgertums ergriffen. Es bildete sich so der kleinbürgerliche Sozialismus. Sismondi ist das Haupt dieser Literatur nicht nur für Frankreich, sondern auch für England.

Dieser Sozialismus zergliederte höchst scharfsinnig die Widersprüche in den modernen Produktionsverhältnissen. Er enthüllte die gleisnerischen Beschönigungen der Ökonomen. Er wies unwiderleglich die zerstörenden Wirkungen der Maschinerie und der Teilung der Arbeit nach, die Konzentration der Kapitalien und des Grundbesitzes, die Überproduktion, die Krisen, den notwendigen Untergang der kleinen Bürger und Bauern, das Elend des Proletariats, die Anarchie in der Produktion, die schreienden Mißverhältnisse in der Verteilung des Reichtums, den industriellen Vernichtungskrieg der Nationen untereinander, die Auflösung der alten Sitten, der alten Familienverhältnisse, der alten Nationalitäten.

Seinem positiven Gehalte nach will jedoch dieser Sozialismus entweder die alten Produktions- und Verkehrsmittel wiederherstellen und mit ihnen die alten Eigentumsverhältnisse und die alte Gesellschaft, oder er will die modernen Produktions- und Verkehrsmittel in den Rahmen der alten Eigentumsverhältnisse, die von ihnen gesprengt wurden, gesprengt werden mußten, gewaltsam wieder einsperren. In beiden Fallen ist er reaktionär und utopistisch zugleich.

Zunftwesen in der Manufaktur und patriarchalische Wirtschaft auf dem Lande, das sind seine letzten Worte.

In ihrer weiteren Entwicklung hat sich diese Richtung in einen feigen Katzenjammer verlaufen.

Der deutsche oder der »wahre« Sozialismus

Die sozialistische und kommunistische Literatur Frankreichs, die unter dem Druck einer herrschenden Bourgeoisie entstand und der literarische Ausdruck des Kampfes gegen diese Herrschaft ist, wurde nach Deutschland eingeführt zu einer Zeit, wo die Bourgeoisie soeben ihren Kampf gegen den feudalen Absolutismus begann.

Deutsche Philosophen, Halbphilosophen und Schöngeister bemächtigten sich gierig dieser Literatur und vergaßen nur, daß bei der Einwanderung jener Schriften aus Frankreich die französischen Lebensverhältnisse nicht gleichzeitig nach Deutschland eingewandert waren. Den deutschen Verhältnissen gegenüber verlor die französische Literatur alle unmittelbar praktische Bedeutung und nahm ein rein literarisches Aussehen an. Als müßige Spekulation über die Verwirklichung des menschlichen Wesens mußte sie erscheinen. So hatten für die deutschen Philosophen des 18. Jahrhunderts die Forderungen der ersten französischen Revolution nur den Sinn, Forderungen der »praktischen Vernunft« im allgemeinen zu sein, und die Willensäußerungen der revolutionären französischen Bourgeoisie bedeuteten in ihren Augen die Gesetze des reinen Willens, des Willens, wie er sein muß, des wahrhaft menschlichen Willens.

Die ausschließliche Arbeit der deutschen Literaten bestand darin, die neuen französischen Ideen mit ihrem alten philosophischen Gewissen in Einklang zu setzen oder vielmehr von ihrem philosophischen Standpunkte aus die französischen Ideen sich anzueignen.

Diese Aneignung geschah in derselben Weise, wodurch man sich überhaupt eine fremde Sprache aneignet, durch die Übersetzung.

Es ist bekannt, wie die Mönche Manuskripte, worauf die klassischen Werke der alten Heidenzeit verzeichnet waren, mit abgeschmackten katholischen Heiligengeschichten überschrieben. Die deutschen Literaten gingen umgekehrt mit der profanen französischen Literatur um. Sie schrieben ihren philosophischen Unsinn hinter das französische Original. Z. B. hinter die französische Kritik der Geldverhältnisse schrieben sie »Entäußerung des menschlichen Wesens«, hinter die französische Kritik des Bourgeoisstaates schrieben sie »Aufhebung der Herrschaft des abstrakt Allgemeinen« u. s. w.

Die Unterschiebung dieser philosophischen Redensarten unter die französischen Entwicklungen tauften sie »Philosophie der Tat«, »wahrer Sozialismus«, »deutsche Wissenschaft des Sozialismus«, »philosophische Begründung des Sozialismus« u. s. w.

Die französische sozialistisch-kommunistische Literatur wurde so förmlich entmannt. Und da sie in der Hand des Deutschen aufhörte, den Kampf einer Klasse gegen die andre auszudrücken, so war der Deutsche sich bewußt, die »französische Einseitigkeit« überwunden, statt wahrer Bedürfnisse das Bedürfnis der Wahrheit und statt der Interessen des Proletariers die Interessen des menschlichen Wesens, des Menschen überhaupt vertreten zu haben, des Menschen, der keiner Klasse, der überhaupt nicht der Wirklichkeit, der nur dem Dunsthimmel der philosophischen Phantasie angehört.

Dieser deutsche Sozialismus, der seine unbeholfenen Schulübungen so ernst und feierlich nahm und so marktschreierisch ausposaunte, verlor indes nach und nach seine pedantische Unschuld.

Der Kampf der deutschen, namentlich der preußischen Bourgeoisie gegen die Feudalen und das absolute Königtum, mit einem Wort, die liberale Bewegung wurde ernsthafter.

Dem »wahren« Sozialismus war so erwünschte Gelegenheit geboten, der politischen Bewegung die sozialistischen Forderungen gegenüberzustellen, die überlieferten Anatheme gegen den Liberalismus, gegen den Repräsentativstaat, gegen die bürgerliche Konkurrenz, bürgerliche Preßfreiheit, bürgerliches Recht, bürgerliche Freiheit und Gleichheit zu schleudern und der Volksmasse vorzupredigen, wie sie bei dieser bürgerlichen Bewegung nichts zu gewinnen, vielmehr alles zu verlieren habe. Der deutsche Sozialismus vergaß rechtzeitig, daß die französische Kritik, deren geistloses Echo er war, die moderne bürgerliche Gesellschaft mit den entsprechenden materiellen Lebensbedingungen und der angemessenen politischen Konstitution voraussetzt, lauter Voraussetzungen, um deren Erkämpfung es sich erst in Deutschland handelte.

Er diente den deutschen absoluten Regierungen mit ihrem Gefolge von Pfaffen, Schulmeistern, Krautjunkern und Bürokraten als erwünschte Vogelscheuche gegen die drohend aufstrebende Bourgeoisie.

Er bildete die süßliche Ergänzung zu den bitteren Peitschenhieben und Flintenkugeln, womit dieselben Regierungen die deutschen Arbeiteraufstände bearbeiteten.

Ward der »wahre« Sozialismus dergestalt eine Waffe in der Hand der Regierungen gegen die deutsche Bourgeoisie, so vertrat er auch unmittelbar ein reaktionäres Interesse, das Interesse der deutschen Pfahlbürgerschaft. In Deutschland bildet das vom 16. Jahrhundert her überlieferte und seit der Zeit in verschiedener Form hier immer neu wieder auftauchende Kleinbürgertum die eigentliche gesellschaftliche Grundlage der bestehenden Zustände.

Seine Erhaltung ist die Erhaltung der bestehenden deutschen Zustände. Von der industriellen und politischen Herrschaft der Bourgeoisie fürchtet es den sichern Untergang, einerseits infolge der Konzentration des Kapitals, andrerseits durch das Aufkommen eines revolutionären Proletariats. Der »wahre« Sozialismus schien ihm beide Fliegen mit einer Klappe zu schlagen. Er verbreitete sich wie eine Epidemie.

Das Gewand, gewirkt aus spekulativem Spinnweb, überstickt mit schöngeistigen Redeblumen, durchtränkt von liebesschwülem Gemütstau, dies überschwängliche Gewand, worin die deutschen Sozialisten ihre paar knöchernen »ewigen Wahrheiten« einhüllten, vermehrte nur den Absatz ihrer Ware bei diesem Publikum.

Seinerseits erkannte der deutsche Sozialismus immer mehr seinen Beruf, der hochtrabende Vertreter dieser Pfahlbürgerschaft zu sein.

Er proklamierte die deutsche Nation als die normale Nation und den deutschen Spießbürger als den Normalmenschen. Er gab jeder Niedertracht desselben einen verborgenen, höheren, sozialistischen Sinn, worin sie ihr Gegenteil bedeutete. Er zog die letzte Konsequenz, indem er direkt gegen die »rohdestruktive« Richtung des Kommunismus auftrat und seine unparteiische Erhabenheit über alle Klassenkämpfe verkündete. Mit sehr wenigen Ausnahmen gehört alles, was in Deutschland von angeblich sozialistischen und kommunistischen Schriften zirkuliert, in den Bereich dieser schmutzigen, entnervenden Literatur.

2. Der konservative oder Bourgeois-Sozialismus

Ein Teil der Bourgeoisie wünscht den sozialen Mißständen abzuhelfen, um den Bestand der bürgerlichen Gesellschaft zu sichern.

Es gehören hierher: Ökonomisten, Philanthropen, Humanitäre, Verbesserer der Lage der arbeitenden Klassen, Wohltätigkeitsorganisierer, Abschaffer der Tierquälerei, Mäßigkeitsvereinsstifter, Winkelreformer der buntscheckigsten Art. Und auch zu ganzen Systemen ist dieser Bourgeoissozialismus ausgearbeitet worden.

Als Beispiel führen wir Proudhons »Philosophie de la misère« an.

Die sozialistischen Bourgeois wollen die Lebensbedingungen der modernen Gesellschaft ohne die notwendig daraus hervorgehenden Kämpfe und Gefahren. Sie wollen die bestehende Gesellschaft mit Abzug der sie revolutionierenden und sie auflösenden Elemente. Sie wollen die Bourgeoisie ohne das Proletariat. Die Bourgeoisie stellt sich die Welt, worin sie herrscht, natürlich als die beste Welt vor. Der Bourgeoissozialismus arbeitet diese tröstliche Vorstellung zu einem halben oder ganzen System aus. Wenn er das Proletariat auffordert, seine Systeme zu verwirklichen und in das neue Jerusalem einzugehen, so verlangt er im Grunde nur, daß es in der jetzigen Gesellschaft stehen bleibe, aber seine gehässigen Vorstellungen von derselben abstreife.

Eine zweite, weniger systematische, nur mehr praktische Form des Sozialismus suchte der Arbeiterklasse jede revolutionäre Bewegung zu verleiden, durch den Nachweis, wie nicht diese oder jene politische Veränderung, sondern nur eine Veränderung der materiellen Lebensverhältnisse, der ökonomischen Verhältnisse ihr von Nutzen sein könne. Unter Veränderung der materiellen Lebensverhältnisse versteht dieser Sozialismus aber keineswegs Abschaffung der bürgerlichen Produktionsverhältnisse, die nur auf revolutionärem Wege möglich ist, sondern administrative Verbesserungen, die auf dem Boden dieser Produktionsverhältnisse vor sich gehen, also an dem Verhältnis von Kapital und Lohnarbeit nichts ändern, sondern im besten Fall der Bourgeoisie die Kosten ihrer Herrschaft vermindern und ihren Staatshaushalt vereinfachen.

Seinen entsprechenden Ausdruck erreicht der Bourgeoissozialismus erst da, wo er zur bloßen rednerischen Figur wird.

Freier Handel! im Interesse der arbeitenden Klasse; Schutzzölle! im Interesse der arbeitenden Klasse; Zellengefängnisse! im Interesse der arbeitenden Klasse; das ist das letzte, das einzige ernstgemeinte Wort des Bourgeois-Sozialismus.

Der Sozialismus der Bourgeoisie besteht eben in der Behauptung, daß die Bourgeois Bourgeois sind – im Interesse der arbeitenden Klasse.

3. Der kritisch-utopistische Sozialismus und Kommunismus

Wir reden hier nicht von der Literatur, die in allen großen modernen Revolutionen die Forderungen des Proletariats aussprach. (Schriften Babeufs etc.) Die ersten Versuche des Proletariats, in einer Zeit allgemeiner Aufregung, in der Periode des Umsturzes der feudalen Gesellschaft direkt sein eigenes Klasseninteresse durchzusetzen, scheiterten notwendig an der unentwickelten Gestalt des Proletariats selbst wie an dem Mangel der materiellen Bedingungen seiner Befreiung, die eben erst das Produkt der bürgerlichen Epoche sind. Die revolutionäre Literatur, welche diese ersten Bewegungen des Proletariats begleitete, ist dem Inhalt nach notwendig reaktionär. Sie lehrt einen allgemeinen Asketismus und eine rohe Gleichmacherei.

Die eigentlich sozialistischen und kommunistischen Systeme, die Systeme St. Simons, Fourriers, Owens u. s. w., tauchen auf in der ersten, unentwickelten Periode des Kampfs zwischen Proletariat und Bourgeoisie, die wir oben dargestellt haben. (S. Bourgeoisie und Proletariat.)

Die Erfinder dieser Systeme sehen zwar den Gegensatz der Klassen wie die Wirksamkeit der auflösenden Elemente in der herrschenden Gesellschaft selbst. Aber sie erblicken auf der Seite des Proletariats keine geschichtliche Selbsttätigkeit, keine ihm eigentümliche politische Bewegung.

Da die Entwicklung des Klassengegensatzes gleichen Schritt hält mit der Entwicklung der Industrie, finden sie ebensowenig die materiellen Bedingungen zur Befreiung des Proletariats vor und suchen nach einer sozialen Wissenschaft, nach sozialen Gesetzen, um diese Bedingungen zu schaffen.

An die Stelle der gesellschaftlichen Tätigkeit muß ihre persönlich erfinderische Tätigkeit treten, an die Stelle der geschichtlichen Bedingungen der Befreiung phantastische, an die Stelle der allmählich vor sich gehenden Organisation des Proletariats zur Klasse eine eigens ausgeheckte Organisation der Gesellschaft. Die kommende Weltgeschichte löst sich für sie auf in die Propaganda und die praktische Ausführung ihrer Gesellschaftspläne.

Sie sind sich zwar bewußt, in ihren Plänen hauptsächlich das Interesse der arbeitenden Klasse als der leidendsten Klasse zu vertreten. Nur unter diesem Gesichtspunkt der leidendsten Klasse existiert das Proletariat für sie.

Die unentwickelte Form des Klassenkampfes wie ihre eigene Lebenslage bringen es aber mit sich, daß sie weit über jenen Klassengegensatz erhaben zu sein glauben. Sie wollen die Lebenslage aller Gesellschaftsglieder, auch der bestgestellten, verbessern. Sie appellieren daher fortwährend an die ganze Gesellschaft ohne Unterschied, ja vorzugsweise an die herrschende Klasse. Man braucht ihr System ja nur zu verstehen, um es als den bestmöglichen Plan der bestmöglichen Gesellschaft anzuerkennen.

Sie verwerfen daher alle politische, namentlich alle revolutionäre Aktion, sie wollen ihr Ziel auf friedlichem Wege erreichen und versuchen, durch kleine, natürlich fehlschlagende Experimente, durch die Macht des Beispiels dem neuen gesellschaftlichen Evangelium Bahn zu brechen.

Die phantastische Schilderung der zukünftigen Gesellschaft entspringt in einer Zeit, wo das Proletariat noch höchst unentwickelt ist, also selbst noch phantastisch seine eigene Stellung auffaßt, seinem ersten ahnungsvollen Drängen nach einer allgemeinen Umgestaltung der Gesellschaft.

Die sozialistischen und kommunistischen Schriften bestehen aber auch aus kritischen Elementen. Sie greifen alle Grundlagen der bestehenden Gesellschaft an. Sie haben daher höchst wertvolles Material zur Aufklärung der Arbeiter geliefert. Ihre positiven Sätze über die zukünftige Gesellschaft, z.B. Aufhebung des Gegensatzes zwischen Stadt und Land, der Familie, des Privaterwerbs, der Lohnarbeit, die Verkündigung der gesellschaftlichen Harmonie, die Verwandlung des Staates in eine bloße Verwaltung der Produktion alle diese ihre Sätze drücken bloß das Wegfallen des Klassengegensatzes aus, der eben erst sich zu entwickeln beginnt, den sie nur noch in seiner ersten gestaltlosen Unbestimmtheit kennen. Diese Sätze selbst haben daher noch einen rein utopistischen Sinn.

Die Bedeutung des kritisch-utopistischen Sozialismus und Kommunismus steht im umgekehrten Verhältnis zur geschichtlichen Entwicklung. In demselben Maße, worin der Klassenkampf sich entwickelt und gestaltet, verliert diese phantastische Erhebung über denselben, diese phantastische Bekämpfung desselben allen praktischen Wert, alle theoretische Berechtigung. Waren daher die Urheber dieser Systeme auch in vieler Beziehung revolutionär, so bilden ihre Schüler jedesmal reaktionäre Sekten. Sie halten die alten Anschauungen der Meister fest gegenüber der geschichtlichen Fortentwicklung des Proletariats. Sie suchen daher konsequent den Klassenkampf wieder abzustumpfen und die Gegensätze zu vermitteln. Sie träumen noch immer die versuchsweise Verwirklichung ihrer gesellschaftlichen Utopien, Stiftung einzelner Phalanstere, Gründung von Home-Kolonien, Errichtung eines kleinen Ikariens – Duodezausgabe des neuen Jerusalems –, und zum Aufbau aller dieser spanischen Schlösser müssen sie an die Philanthropie der bürgerlichen Herzen und Geldsäcke appellieren. Allmählich fallen sie in die Kategorie der oben geschilderten reaktionären oder konservativen Sozialisten und unterscheiden sich nur noch von ihnen durch mehr systematische Pedanterie, durch den fanatischen Aberglauben an die Wunderwirkungen ihrer sozialen Wissenschaft.

Sie treten daher mit Erbitterung aller politischen Bewegung der Arbeiter entgegen, die nur aus blindem Unglauben an das neue Evangelium hervorgehen konnte.

Die Owenisten in England, die Fourieristen in Frankreich reagieren dort gegen die Chartisten, hier gegen die Reformisten.

IV. Stellung der Kommunisten zu den verschiedenen oppositionellen Parteien

Nach Abschnitt II versteht sich das Verhältnis der Kommunisten zu den bereits konstituierten Arbeiterparteien von selbst, also ihr Verhältnis zu den Chartisten in England und den agrarischen Reformern in Nordamerika.

Sie kämpfen für die Erreichung der unmittelbar vorliegenden Zwecke und Interessen der Arbeiterklasse, aber sie vertreten in der gegenwärtigen Bewegung zugleich die Zukunft der Bewegung. In Frankreich schließen sich die Kommunisten an die sozialistischdemokratische Partei an gegen die konservative und radikale Bourgeoisie, ohne darum das Recht aufzugeben, sich kritisch zu den aus der revolutionären Überlieferung herrührenden Phrasen und Illusionen zu verhalten.

In der Schweiz unterstützen sie die Radikalen, ohne zu verkennen, daß diese Partei aus widersprechenden Elementen besteht, teils aus demokratischen Sozialisten im französischen Sinn, teils aus radikalen Bourgeois.

Unter den Polen unterstützen die Kommunisten die Partei, welche eine agrarische Revolution zur Bedingung der nationalen Befreiung macht, dieselbe Partei, welche die Krakauer Insurrektion von 1846 ins Leben rief.

In Deutschland kämpft die Kommunistische Partei, sobald die Bourgeoisie revolutionär auftritt, gemeinsam mit der Bourgeoisie gegen die absolute Monarchie, das feudale Grundeigentum und die Kleinbürgerei.

Sie unterläßt aber keinen Augenblick, bei den Arbeitern ein möglichst klares Bewußtsein über den feindlichen

Gegensatz zwischen Bourgeoisie und Proletariat herauszuarbeiten, damit die deutschen Arbeiter sogleich die gesellschaftlichen und politischen Bedingungen, welche die Bourgeoisie mit ihrer Herrschaft herbeiführen muß, als ebenso viele Waffen gegen die Bourgeoisie kehren können, damit, nach dem Sturz der reaktionären Klassen in Deutschland, sofort der Kampf gegen die Bourgeoisie selbst beginnt.

Auf Deutschland richten die Kommunisten ihre Hauptaufmerksamkeit, weil Deutschland am Vorabend einer bürgerlichen Revolution steht und weil es diese Umwälzung unter fortgeschritteneren Bedingungen der europäischen Zivilisation überhaupt und mit einem viel weiter entwickelten Proletariat vollbringt als England im 17. und Frankreich im 18. Jahrhundert, die deutsche bürgerliche Revolution also nur das unmittelbare Vorspiel einer proletarischen Revolution sein kann.

Mit einem Wort, die Kommunisten unterstützen überall jede revolutionäre Bewegung gegen die bestehenden gesellschaftlichen und politischen Zustände. In allen diesen Bewegungen heben sie die Eigentumsfrage, welche mehr oder minder entwickelte Form sie auch angenommen haben möge, als die Grundfrage der Bewegung hervor.

Die Kommunisten arbeiten endlich überall an der Verbindung und Verständigung der demokratischen Parteien aller Länder.

Die Kommunisten verschmähen es, ihre Ansichten und Absichten zu verheimlichen. Sie erklären es offen, daß ihre Zwecke nur erreicht werden können durch den gewaltsamen Umsturz aller bisherigen Gesellschaftsordnung.

Mögen die herrschenden Klassen vor einer kommunistischen Revolution zittern. Die Proletarier haben nichts in ihr zu verlieren als ihre Ketten. Sie haben eine Welt zu gewinnen.

PROLETARIER ALLER LÄNDER, VEREINIGT EUCH!

London, 1. Februar 1893
Karl Marx, Friedrich Engels

III.

Die Grundsätze des Kommunismus (1847)

1. Frage: Was ist der Kommunismus?
Antwort: Der Kommunismus ist die Lehre von den Bedingungen der Befreiung des Proletariats.

2. Frage: Was ist das Proletariat?
Antwort: Das Proletariat ist diejenige Klasse der Gesellschaft, welche ihren Lebensunterhalt einzig und allein aus dem Verkauf ihrer Arbeit und nicht aus dem Profit irgendeines Kapitals zieht; deren Wohl und Wehe, deren Leben und Tod, deren ganze Existenz von der Nachfrage nach Arbeit, also von dem Wechsel der guten und schlechten Geschäftszeiten, von den Schwankungen einer zügellosen Konkurrenz abhängt. Das Proletariat oder die Klasse der Proletarier ist, mit einem Worte, die arbeitende Klasse des neunzehnten Jahrhunderts.

3. Frage: Es hat also nicht immer Proletarier gegeben?
Antwort: Nein. Arme und arbeitende Klassen hat es immer gegeben; auch waren die arbeitenden Klassen meistens arm. Aber solche Armen, solche Arbeiter, die in den eben angegebenen Umständen lebten, also Proletarier, hat es nicht immer gegeben, ebenso wenig wie die Konkurrenz immer frei und zügellos war.

4. Frage: Wie ist das Proletariat entstanden?
Antwort: Das Proletariat ist entstanden durch die industrielle Revolution, welche in der letzten Hälfte des vorigen Jahrhunderts in England vor sich ging und welche sich seitdem in allen zivilisierten Ländern der Welt wiederholt hat. Diese industrielle Revolution wurde herbeigeführt durch die Erfindung der Dampfmaschine, der verschiedenen Spinnmaschinen, des mechanischen Webstuhls und einer ganzen Reihe anderer mechanischer Vorrichtungen. Diese Maschinen, welche sehr teuer waren und also nur von großen Kapitalisten angeschafft werden konnten, veränderten die ganze bisherige Weise der Produktion und verdrängten die bisherigen Arbeiter, indem die Maschinen die Waren wohlfeiler und besser lieferten, als die Arbeiter sie mit ihren unvollkommenen Spinnrädern und Webstühlen herstellen konnten.

Diese Maschinen lieferten dadurch die Industrie gänzlich in die Hände der großen Kapitalisten und machten das wenige Eigentum der Arbeiter (Werkzeuge, Webstühle u. s. w.) völlig wertlos, so daß die Kapitalisten bald alles in ihre Hände bekamen und die Arbeiter nichts übrigbehielten. Damit war in der Verfertigung von Kleidungsstoffen das Fabriksystem eingeführt. – Als der Anstoß zur Einführung der Maschinerie und des Fabriksystems einmal gegeben war, wurde dieses System auch sehr bald auf alle übrigen Industriezweige, namentlich auf die Zeug- und Buchdruckerei, die Töpferei, die Metallwarenindustrie angewandt. Die Arbeit wurde immer mehr unter die einzelnen Arbeiter geteilt, so daß der Arbeiter, der früher ein ganzes Stück Arbeit gemacht hatte, jetzt nur einen Teil dieses Stückes machte.

Diese Teilung der Arbeit machte es möglich, daß die Produkte schneller und daher wohlfeiler geliefert werden konnten. Sie reduzierte die Tätigkeit eines jeden Arbeiters auf einen sehr einfachen, jeden Augenblick wiederholten, mechanischen Handgriff, der nicht nur ebenso gut, sondern noch viel besser durch eine Maschine gemacht werden konnte. Auf diese Weise gerieten alle diese Industriezweige, einer nach dem anderen, unter die Herrschaft der Dampfkraft, der Maschinerie und des Fabriksystems, gerade wie die Spinnerei und Weberei. Damit gerieten sie aber zugleich vollständig in die Hände der großen Kapitalisten, und den Arbeitern wurde auch hier der letzte Rest von Selbständigkeit entzogen. Allmählich gerieten außer der eigentlichen Manufaktur auch die Handwerke mehr und mehr unter die Herrschaft des Fabriksystems, indem auch hier große Kapitalisten durch Anlegung großer Ateliers, bei denen viele Kosten gespart werden und die Arbeit ebenfalls sehr geteilt werden kann, die kleinen Meister mehr und mehr verdrängten.

So sind wir jetzt dahin gekommen, daß in den zivilisierten Ländern fast alle Arbeitszweige fabrikmäßig betrieben werden, daß in fast allen Arbeitszweigen das Handwerk und die Manufaktur durch die große Industrie verdrängt worden sind. – Dadurch ist der bisherige Mittelstand, besonders die kleinen Handwerksmeister, mehr und mehr ruiniert, die frühere Lage der Arbeiter gänzlich umgewälzt und zwei neue, allmählich alle übrigen verschlingenden Klassen geschaffen worden, nämlich:

1. Die Klasse der großen Kapitalisten, welche in allen zivilisierten Ländern schon jetzt fast ausschließlich im Besitz aller Lebensmittel und der zur Erzeugung der Lebensmittel nötigen Rohstoffe und Instrumente (Maschinen, Fabriken) sind. Dies ist die Klasse der Bourgeois oder die Bourgeoisie.

2. Die Klasse der gänzlich Besitzlosen, welche darauf angewiesen sind, den Bourgeois ihre Arbeit zu verkaufen, um dafür die zu ihrem Unterhalt nötigen Lebensmittel zu erhalten. Diese Klasse heißt die Klasse der Proletarier oder das Proletariat.

5. Frage: Unter welchen Bedingungen findet dieser Verkauf der Arbeit der Proletarier an die Bourgeois statt?
Antwort: Die Arbeit ist eine Ware wie jede andere, und ihr Preis wird daher genau nach denselben Gesetzen bestimmt werden wie der jeder anderen Ware. Der Preis einer Ware unter der Herrschaft der großen Industrie oder der freien Konkurrenz, was, wie wir sehen werden, auf eins hinauskommt, ist aber im Durchschnitt immer gleich den Produktionskosten dieser Ware. Der Preis der Arbeit ist also ebenfalls gleich den Produktionskosten der Arbeit.

Die Produktionskosten der Arbeit bestehen aber in gerade soviel Lebensmitteln, als nötig sind, um den Arbeiter in den Stand zu setzen, arbeitsfähig zu bleiben und die Arbeiterklasse nicht aussterben zu lassen. Der Arbeiter wird also für seine Arbeit nicht mehr erhalten, als zu diesem Zwecke nötig ist; der Preis der Arbeit oder der Lohn wird also das Niedrigste, das Minimum sein, was zum Lebensunterhalt nötig ist. Da die Geschäftszeiten aber bald schlechter, bald besser sind, so wird er bald mehr, bald weniger bekommen, gerade wie der Fabrikant bald mehr, bald weniger für seine Ware bekommt. Aber ebenso wie der Fabrikant im Durchschnitt der guten und schlechten Geschäftszeiten doch nicht mehr und nicht weniger für seine Ware erhält als seine Produktionskosten, ebenso wird der Arbeiter im Durchschnitt auch nicht mehr und nicht weniger als eben dies Minimum erhalten. Dies ökonomische Gesetz des Arbeitslohns wird aber um so strenger durchgeführt werden, je mehr die große Industrie sich aller Arbeitszweige bemächtigt.

6. Frage: Welche Arbeiterklassen gab es vor der industriellen Revolution?
Antwort: Die arbeitenden Klassen haben je nach den verschiedenen Entwickelungsstufen der Gesellschaft in verschiedenen Verhältnissen gelebt und verschiedene Stellungen zu den besitzenden und herrschenden Klassen gehabt. Im Altertum waren die Arbeitenden die Sklaven der Besitzer, wie sie es in vielen zurückgebliebenen Ländern und selbst in dem südlichen Teil der Vereinigten Staaten noch sind. Im Mittelalter waren sie die Leibeigenen des grundbesitzenden Adels, wie sie es noch jetzt in Ungarn, Polen und Rußland sind. Im Mittelalter und bis zur industriellen Revolution gab es außerdem in den

Städten Handwerksgesellen, die im Dienst kleinbürgerlicher Meister arbeiteten, und allmählich kamen auch mit der Entwicklung der Manufaktur Manufakturarbeiter auf, welche schon von größeren Kapitalisten beschäftigt wurden.

7. Frage: Wodurch unterscheidet sich der Proletarier vom Sklaven?
Antwort: Der Sklave ist ein für allemal verkauft; der Proletarier muß sich täglich und stündlich selbst verkaufen. Der einzelne Sklave, Eigentum eines Herrn, hat schon durch das Interesse dieses Herrn eine gesicherte Existenz, so elend sie sein mag; der einzelne Proletarier, Eigentum sozusagen der ganzen Bourgeoisklasse, dem seine Arbeit nur dann abgekauft wird, wenn jemand ihrer bedarf, hat keine gesicherte Existenz. Diese Existenz ist nur der ganzen Proletarierklasse gesichert. Der Sklave steht außerhalb der Konkurrenz, der Proletarier steht in ihr und fühlt alle ihre Schwankungen. Der Sklave gilt für eine Sache, nicht für ein Mitglied der bürgerlichen Gesellschaft; der Proletarier ist als Person, als Mitglied der bürgerlichen Gesellschaft anerkannt.

Der Sklave kann also eine bessere Existenz haben als der Proletarier, aber der Proletarier gehört einer höheren Entwicklungsstufe der Gesellschaft an und steht selbst auf einer höheren Stufe als der Sklave. Der Sklave befreit sich, indem er von allen Privateigentumsverhältnissen nur das Verhältnis der Sklaverei aufhebt und dadurch erst selbst Proletarier wird; der Proletarier kann sich nur dadurch befreien, daß er das Privateigentum überhaupt aufhebt.

8. Frage: *Wodurch unterscheidet sich der Proletarier vom Leibeigenen?*
Antwort: Der Leibeigene hat den Besitz und die Benutzung eines Produktionsinstrumentes, eines Stückes Boden, gegen Abgabe eines Teils des Ertrages oder gegen Leistung von Arbeit. Der Proletarier arbeitet mit Produktionsinstrumenten eines anderen für Rechnung dieses anderen, gegen Empfang eines Teils des Ertrages. Der Leibeigene gibt ab, dem Proletarier wird abgegeben. Der Leibeigene hat eine gesicherte Existenz, der Proletarier hat sie nicht. Der Leibeigene steht außerhalb der Konkurrenz, der Proletarier steht in ihr. Der Leibeigene befreit sich, entweder indem er in die Städte entläuft und dort Handwerker wird, oder indem er statt Arbeit und Produkten Geld an seinen Gutsherrn gibt und freier Pächter wird, oder indem er seinen Feudalherrn verjagt und selbst Eigentümer wird, kurz, indem er auf die eine oder die andere Weise in die besitzende Klasse und in die Konkurrenz eintritt. Der Proletarier befreit sich, indem er die Konkurrenz, das Privateigentum und alle Klassenunterschiede aufhebt.

9. Frage: *Wodurch unterscheidet sich der Proletarier vom Handwerker?*

10. Frage: *Wodurch unterscheidet sich der Proletarier vom Manufakturarbeiter?*
Antwort: Der Manufakturarbeiter des sechzehnten bis achtzehnten Jahrhunderts hatte fast überall noch ein Produktionsinstrument in seinem Besitz, seinen Web-

stuhl, die Spinnräder für seine Familie, ein kleines Feld, das er in Nebenstunden bebaute. Der Proletarier hat das alles nicht. Der Manufakturarbeiter lebt fast immer auf dem Lande und in mehr oder weniger patriarchalischen Verhältnissen mit seinem Gutsherrn oder Arbeitgeber; der Proletarier lebt meist in großen Städten und steht zu seinem Arbeitgeber in einem reinen Geldverhältnis. Der Manufakturarbeiter wird durch die große Industrie aus seinen patriarchalischen Verhältnissen herausgerissen, verliert den Besitz, den er noch hatte, und wird dadurch selbst erst Proletarier.

11. Frage: Was waren die nächsten Folgen der industriellen Revolution und der Scheidung der Gesellschaft in Bourgeois und Proletarier?
Antwort: Erstens wurde durch die infolge der Maschinenarbeit immer wohlfeiler werdenden Preise der Industrieerzeugnisse in allen Ländern der Welt das alte System der Manufaktur oder auf Handarbeit beruhenden Industrie gänzlich zerstört. Alle halbbarbarischen Länder, welche bisher mehr oder weniger der geschichtlichen Entwicklung fremd geblieben waren und deren Industrie bisher auf der Manufaktur beruht hatte, wurden hierdurch mit Gewalt aus ihrer Abschließung herausgerissen. Sie kauften die wohlfeileren Waren der Engländer und ließen ihre eigenen Manufakturarbeiter zugrunde gehen. So sind Länder, welche seit Jahrtausenden keinen Fortschritt gemacht haben, z. B. Indien, durch und durch revolutioniert worden, und selbst China geht jetzt einer Revolution entgegen. Es ist dahin gekommen, daß eine

neue Maschine, die heute in England erfunden wird, binnen einem Jahre Millionen von Arbeitern in China außer Brot setzt. Auf diese Weise hat die große Industrie alle Völker der Erde miteinander in Verbindung gesetzt, alle kleinen Lokalmärkte zum Weltmarkt zusammengeworfen, überall die Zivilisation und den Fortschritt vorbereitet und es dahin gebracht, daß alles, was in den zivilisierten Ländern geschieht, auf alle anderen Länder zurückwirken muß. So daß, wenn jetzt in England oder Frankreich die Arbeiter sich befreien, dies in allen anderen Ländern Revolutionen nach sich ziehen muß, welche früher oder später ebenfalls die Befreiung der dortigen Arbeiter herbeiführen.

Zweitens hat sie überall, wo die große Industrie an die Stelle der Manufaktur trat, die Bourgeoisie, ihren Reichtum und ihre Macht im höchsten Grade entwickelt und sie zur ersten Klasse im Lande gemacht. Die Folge davon war, daß überall, wo dies geschah, die Bourgeoisie die politische Macht in ihre Hände bekam und die bisher herrschenden Klassen, die Aristokratie, die Zunftbürger und das beide vertretende absolute Königtum, verdrängte.

Die Bourgeoisie vernichtete die Macht der Aristokratie, des Adels, indem sie die Majorate oder die Unverkäuflichkeit des Grundbesitzes und alle Adelsvorrechte aufhob. Sie zerstörte die Macht der Zunftbürger, indem sie alle Zünfte und Handwerksprivilegien aufhob. An die Stelle beider setzte sie die freie Konkurrenz, d.h. den Zustand der Gesellschaft, worin jeder das Recht hat, jeden beliebigen Industriezweig zu betreiben, und worin ihn nichts an dem Betriebe eines solchen verhindern kann als der Mangel des dazu nötigen Kapitals.

Die Einführung der freien Konkurrenz ist also die öffentliche Erklärung, daß von nun an die Mitglieder der Gesellschaft nur noch insoweit ungleich sind, als ihre Kapitalien ungleich sind, daß das Kapital die entscheidende Macht und damit die Kapitalisten, die Bourgeois, die erste Klasse in der Gesellschaft geworden sind. Die freie Konkurrenz ist aber für den Anfang der großen Industrie notwendig, weil sie der einzige Gesellschaftszustand ist, in dem die große Industrie aufkommen kann. Die Bourgeoisie, nachdem sie so die gesellschaftliche Macht des Adels und der Zunftbürger vernichtet hatte, vernichtete auch ihre politische Macht. Wie sie sich in der Gesellschaft zur ersten Klasse erhoben hatte, proklamierte sie sich auch in politischer Form als erste Klasse. Sie tat dies durch die Einführung des Repräsentativsystems, welches auf der bürgerlichen Gleichheit vor dem Gesetz, der gesetzlichen Anerkennung der freien Konkurrenz beruht und in den europäischen Ländern unter der Form der konstitutionellen Monarchie eingeführt wurde. In diesen konstitutionellen Monarchien sind nur diejenigen Wähler, welche ein gewisses Kapital besitzen, also nur die Bourgeois; diese Bourgeoiswähler wählen die Deputierten, und diese Bourgeoisdeputierten wählen, vermittels des Rechts der Steuerverweigerung, eine Bourgeoisregierung.

Drittens entwickelte sie überall das Proletariat in demselben Maße, wie sie die Bourgeoisie entwickelt. In demselben Verhältnis, wie die Bourgeois reicher wurden, in demselben Verhältnis wurden die Proletarier zahlreicher. Denn da die Proletarier nur durch das Kapital beschäftigt werden können und das Kapital sich nur dann vermehrt, wenn es Arbeiter beschäftigt, so hält die Vermehrung des Proletariats genau Schritt mit der Vermehrung des Kapitals. Zu gleicher Zeit zieht sie die Bourgeois so wie die Proletarier in großen Städten zusammen, in denen die Industrie sich am vorteilhaftesten betreiben läßt, und gibt durch diese Zusammenwerfung großer Massen auf einen Fleck den Proletariern das Bewußtsein ihrer Stärke. Ferner, je mehr sie sich entwickelt, je mehr neue Maschinen erfunden werden, welche die Handarbeit verdrängen, desto mehr drückt die große Industrie den Lohn, wie schon gesagt, auf sein Minimum herab und macht dadurch die Lage des Proletariats mehr und mehr unerträglich. So bereitet sie einerseits durch die wachsende Unzufriedenheit, andererseits durch die wachsende Macht des Proletariats eine Revolution der Gesellschaft durch das Proletariat vor.

12. Frage: Was waren die weiteren Folgen der industriellen Revolution?
Antwort: Die große Industrie schuf in der Dampfmaschine und den übrigen Maschinen die Mittel, die industrielle Produktion in kurzer Zeit und mit wenig Kosten ins Unendliche zu vermehren. Die aus dieser großen Industrie notwendig hervorgehende freie Konkurrenz nahm bei dieser Leichtigkeit der Produktion sehr bald einen äußerst heftigen Charakter an; eine Menge Kapitalisten warfen sich auf die Industrie, und in kurzer Zeit wurde mehr pro-

duziert, als gebraucht werden konnte. Die Folge davon war, daß die fabrizierten Waren nicht verkauft werden konnten und daß eine sogenannte Handelskrisis eintrat. Die Fabriken mußten stillstehen, die Fabrikanten machten Bankerott, und die Arbeiter kamen außer Brot. Das größte Elend trat überall ein. Nach einiger Zeit waren die überflüssigen Produkte verkauft, die Fabriken fingen wieder an zu arbeiten, der Lohn stieg, und allmählich gingen die Geschäfte wieder besser als je. Aber nicht lange, so waren wieder zuviel Waren produziert, und eine neue Krisis trat ein, die gerade wieder denselben Verlauf nahm wie die vorige. So hat seit dem Anfang dieses Jahrhunderts der Zustand der Industrie fortwährend zwischen Epochen der Prosperität und Epochen der Krise geschwankt, und fast regelmäßig alle fünf bis sieben Jahre ist eine solche Krisis eingetreten, welche jedesmal mit dem größten Elend der Arbeiter, mit allgemeiner revolutionärer Aufregung und mit der größten Gefahr für den ganzen bestehenden Zustand verknüpft war.

13. Frage: Was folgt aus diesen sich regelmäßig wiederholenden Handelskrisen?
Antwort: Erstens: Daß die große Industrie, obwohl sie selbst in ihrer ersten Entwicklungsepoche die freie Konkurrenz erzeugt hat, jetzt dennoch der freien Konkurrenz entwachsen ist; daß die Konkurrenz und überhaupt der Betrieb der industriellen Produktion durch einzelne für sie eine Fessel geworden ist, welche sie sprengen muß und wird; daß die große Industrie, solange sie auf dem jetzigen Fuße betrieben wird, sich nur durch eine von sie-

ben zu sieben Jahren sich wiederholende allgemeine Verwirrung erhalten kann, welche jedesmal die ganze Zivilisation bedroht und nicht nur die Proletarier ins Elend stürzt, sondern auch eine große Anzahl von Bourgeois ruiniert; daß also die große Industrie selbst entweder ganz aufgegeben werden muß, was eine absolute Unmöglichkeit ist; oder daß sie eine ganz neue Organisation der Gesellschaft durchaus notwendig macht, in welcher nicht mehr einzelne, einander Konkurrenz machende Fabrikanten, sondern die ganze Gesellschaft nach einem festen Plan und nach den Bedürfnissen aller die industrielle Produktion leitet.

Zweitens: Daß die große Industrie und die durch sie möglich gemachte Ausdehnung der Produktion ins Unendliche einen Zustand der Gesellschaft möglich machen, in welchem so viel von allen Lebensbedürfnissen produziert wird, daß jedes Mitglied der Gesellschaft dadurch in den Stand gesetzt wird, alle seine Kräfte und Anlagen in vollständiger Freiheit zu entwickeln und zu betätigen. So daß also gerade diejenige Eigenschaft der großen Industrie, welche in der heutigen Gesellschaft alles Elend und alle Handelskrisen erzeugt, gerade dieselbe ist, welche unter einer anderen gesellschaftlichen Organisation eben dieses Elend und diese unglückbereitenden Schwankungen vernichten wird. So daß also aufs klarste bewiesen ist:
1. daß von jetzt an alle diese Übel nur der für die Verhältnisse nicht mehr passenden Gesellschaftsordnung zuzuschreiben sind und

2. daß die Mittel vorhanden sind, um durch eine neue Gesellschaftsordnung diese Übel gänzlich zu beseitigen.

14. Frage: Welcher Art wird diese neue Gesellschaftsordnung sein müssen?
Antwort: Sie wird vor allen Dingen den Betrieb der Industrie und aller Produktionszweige überhaupt aus den Händen der einzelnen, einander Konkurrenz machenden Individuen nehmen und dafür alle diese Produktionszweige durch die ganze Gesellschaft, d. h. für gemeinschaftliche Rechnung, nach gemeinschaftlichem Plan und unter Beteiligung aller Mitglieder der Gesellschaft, betreiben lassen müssen. Sie wird also die Konkurrenz aufheben und die Assoziation an ihre Stelle setzen. Da nun der Betrieb der Industrie durch einzelne das Privateigentum zur notwendigen Folge hatte und die Konkurrenz weiter nichts ist als die Art und Weise des Betriebs der Industrie durch einzelne Privateigentümer, so ist das Privateigentum vom einzelnen Betrieb der Industrie und der Konkurrenz nicht zu trennen. Das Privateigentum wird also ebenfalls abgeschafft werden müssen, und an seine Stelle wird die gemeinsame Benutzung aller Produktionsinstrumente und die Verteilung aller Produkte nach gemeinsamer Übereinkunft oder die sogenannte Gütergemeinschaft treten. Die Abschaffung des Privateigentums ist sogar die kürzeste und bezeichnendste Zusammenfassung der aus der Entwicklung der Industrie notwendig hervorgehenden Umgestaltung der gesamten Gesellschaftsordnung und wird daher mit

Recht von den Kommunisten als Hauptforderung hervorgehoben.

15. Frage: Die Abschaffung des Privateigentums war also früher nicht möglich?
Antwort: Nein. Jede Veränderung in der gesellschaftlichen Ordnung, jede Umwälzung der Eigentumsverhältnisse ist die notwendige Folge der Erzeugung neuer Produktivkräfte gewesen, welche den alten Eigentumsverhältnissen sich nicht mehr fügen wollten. Das Privateigentum selbst ist so entstanden. Denn das Privateigentum hat nicht immer existiert, sondern, als gegen das Ende des Mittelalters in der Manufaktur eine neue Art der Produktion erschaffen wurde, welche sich dem damaligen feudalen und Zunfteigentum nicht unterordnen ließ, da erzeugte diese, den alten Eigentumsverhältnissen entwachsene Manufaktur eine neue Eigentumsform, das Privateigentum. Für die Manufaktur und für die erste Entwicklungsstufe der großen Industrie war aber keine andere Eigentumsform möglich als das Privateigentum, keine andere Gesellschaftsordnung als die auf dem Privateigentum beruhende. Solange nicht so viel produziert werden kann, daß nicht nur für alle genug vorhanden ist, sondern auch noch ein Überschuß von Produkten zur Vermehrung des gesellschaftlichen Kapitals und zur weiteren Ausbildung der Produktivkräfte bleibt, solange muß es immer eine herrschende, über die Produktivkräfte der Gesellschaft verfügende und eine arme, unterdrückte Klasse geben. Wie diese Klassen beschaffen sein werden, wird von der Entwicklungsstufe

der Produktion abhängen. Das vom Landbau abhängige Mittelalter gibt uns den Baron und den Leibeigenen, die Städte des späteren Mittelalters zeigen uns den Zunftmeister und den Gesellen und Tagelöhner, das siebzehnte Jahrhundert hat den Manufakturisten und den Manufakturarbeiter, das neunzehnte den großen Fabrikanten und den Proletarier.

Es ist klar, das bisher die Produktivkräfte noch nicht so weit entwickelt waren, daß für alle genug produziert werden konnte, und daß das Privateigentum für diese Produktivkräfte eine Fessel, eine Schranke geworden war. Jetzt aber, wo durch die Entwicklung der großen Industrie erstens Kapitalien und Produktivkräfte in einem nie vorher gekannten Maße erzeugt und die Mittel vorhanden sind, diese Produktivkräfte in kurzer Zeit ins Unendliche zu vermehren; wo zweitens diese Produktivkräfte in den Händen weniger Bourgeois zusammengedrängt sind, während die große Masse des Volks immer mehr zu Proletariern wird, während ihre Lage in demselben Maße elender und unerträglicher wird, in welchem die Reichtümer der Bourgeois sich vermehren; wo drittens diese gewaltigen und leicht zu vermehrenden Produktivkräfte so sehr dem Privateigentum und den Bourgeois über den Kopf gewachsen sind, daß sie jeden Augenblick die gewaltsamsten Störungen in der gesellschaftlichen Ordnung hervorrufen, jetzt erst ist die Aufhebung des Privateigentums nicht nur möglich, sondern sogar durchaus notwendig geworden.

16. Frage: Wird die Aufhebung des Privateigentums auf friedlichem Wege möglich sein?
Antwort: Es wäre zu wünschen, daß dies geschehen könnte, und die Kommunisten wären gewiß die letzten, die sich dagegen auflehnen würden. Die Kommunisten wissen zu gut, daß alle Verschwörungen nicht nur nutzlos, sondern sogar schädlich sind. Sie wissen zu gut, daß Revolutionen nicht absichtlich und willkürlich gemacht werden, sondern daß sie überall und zu jeder Zeit die notwendige Folge von Umständen waren, welche von dem Willen und der Leitung einzelner Parteien und ganzer Klassen durchaus unabhängig sind.

Sie sehen aber auch, daß die Entwicklung des Proletariats in fast allen zivilisierten Ländern gewaltsam unterdrückt und daß hierdurch von den Gegnern der Kommunisten auf eine Revolution mit aller Macht hingearbeitet wird. Wird hierdurch das unterdrückte Proletariat zuletzt in eine Revolution hineingejagt, so werden wir Kommunisten dann ebensogut mit der Tat wie jetzt mit dem Wort die Sache der Proletarier verteidigen.

17. Frage: Wird die Abschaffung des Privateigentums mit einem Schlage möglich sein?
Antwort: Nein, ebensowenig wie sich mit einem Schlage die schon bestehenden Produktivkräfte so weit werden vervielfältigen lassen, als zur Herstellung der Gemeinschaft nötig ist. Die aller Wahrscheinlichkeit nach eintretende Revolution des Proletariats wird also nur allmählich die jetzige Gesellschaft umgestalten und erst dann

das Privateigentum abschaffen können, wenn die dazu nötige Masse von Produktionsmitteln geschaffen ist.

18. Frage: Welchen Entwicklungsgang wird diese Revolution nehmen?
Antwort: Sie wird vor allen Dingen eine demokratische Staatsverfassung und damit direkt oder indirekt die politische Herrschaft des Proletariats herstellen. Direkt in England, wo die Proletarier schon die Majorität des Volks ausmachen. Indirekt in Frankreich und Deutschland, wo die Majorität des Volkes nicht nur aus Proletariern, sondern auch aus kleinen Bauern und Bürgern besteht, welche eben erst im Übergang ins Proletariat begriffen sind und in allen ihren politischen Interessen mehr und mehr vom Proletariat abhängig werden und sich daher bald den Forderungen des Proletariats fügen müssen. Dies wird vielleicht einen zweiten Kampf kosten, der aber nur mit dem Siege des Proletariats endigen kann.

Die Demokratie würde dem Proletariat ganz nutzlos sein, wenn sie nicht sofort als Mittel zur Durchsetzung weiterer, direkt das Privateigentum angreifender und die Existenz des Proletariats sicherstellender Maßregeln benutzt würde. Die hauptsächlichsten dieser Maßregeln, wie sie sich schon jetzt als notwendige Folgen der bestehenden Verhältnisse ergeben, sind folgende:

1. Beschränkung des Privateigentums durch Progressivsteuern, starke Erbschaftssteuern, Abschaffung der Erbschaft der Seitenlinien (Brüder, Neffen etc.), Zwangsanleihen pp.

2. Allmähliche Expropriation der Grundeigentümer, Fabrikanten, Eisenbahnbesitzer und Schiffsreeder, teils durch Konkurrenz der Staatsindustrie, teils direkt gegen Entschädigung in Assignaten.

3. Konfiskation der Güter aller Emigranten und Rebellen gegen die Majorität des Volkes.

4. Organisation der Arbeit oder Beschäftigung der Proletarier auf den Nationalgütern, Fabriken und Werkstätten, wodurch die Konkurrenz der Arbeiter unter sich beseitigt und die Fabrikanten, solange sie noch bestehen, genötigt werden, denselben erhöhten Lohn zu zahlen wie der Staat.

5. Gleicher Arbeitszwang für alle Mitglieder der Gesellschaft bis zur vollständigen Aufhebung des Privateigentums. Bildung industrieller Armeen, besonders für die Agrikultur.

6. Zentralisierung des Kreditsystems und Geldhandels in den Händen des Staats durch eine Nationalbank mit Staatskapital und Unterdrückung aller Privatbanken und Bankiers.

7. Vermehrung der Nationalfabriken, Werkstätten, Eisenbahnen und Schiffe, Urbarmachung aller Ländereien und Verbesserung der schon urbar gemachten, in demselben Verhältnis, in welchem sich die der Nation zur Verfügung stehenden Kapitalien und Arbeiter vermehren.

8. Erziehung sämtlicher Kinder, von dem Augenblicke an, wo sie der ersten mütterlichen Pflege entbehren können, in Nationalanstalten und auf Nationalkosten. Erziehung und Fabrikation zusammen.

9. Errichtung großer Paläste auf den Nationalgütern als gemeinschaftliche Wohnungen für Gemeinden von Staatsbürgern, welche sowohl Industrie wie Ackerbau treiben und die Vorteile sowohl des städtischen wie des Landlebens in sich vereinigen, ohne die Einseitigkeiten und Nachteile beider Lebensweisen zu teilen.

10. Zerstörung aller ungesunden und schlecht gebauten Wohnungen und Stadtviertel.

11. Gleiches Erbrecht für uneheliche wie für eheliche Kinder.

12. Konzentration alles Transportwesens in den Händen der Nation.

Alle diese Maßregeln können natürlich nicht mit einem Male durchgeführt werden. Aber die eine wird immer die andre nach sich ziehen. Ist einmal der erste radikale Angriff gegen das Privateigentum geschehen, so wird das Proletariat sich gezwungen sehen, immer weiter zu gehen, immer mehr alles Kapital, allen Ackerbau, alle Industrie, allen Transport, allen Austausch in den Händen des Staates zu konzentrieren. Dahin arbeiten alle diese Maßregeln; und sie werden genau in demselben Verhältnis ausführbar werden und ihre zentralisierenden Konsequenzen entwickeln, in welchem die Produktivkräfte des Landes durch die Arbeit des Proletariats vervielfältigt werden. Endlich, wenn alles Kapital, alle Produktion und aller Austausch in den Händen der Nation zusammengedrängt sind, ist das Privateigentum von selbst weggefallen, das Geld überflüssig geworden und die Produktion so weit vermehrt und die Menschen so weit verändert, daß auch die letzten Verkehrsformen der alten Gesellschaft fallen können.

19. Frage: Wird diese Revolution in einem einzigen Lande allein vor sich gehen können?
Antwort: Nein. Die große Industrie hat schon dadurch, daß sie den Weltmarkt geschaffen hat, alle Völker der Erde, und namentlich die zivilisierten, in eine solche Verbindung miteinander gebracht, daß jedes einzelne Volk davon abhängig ist, was bei einem anderen geschieht. Sie hat ferner in allen zivilisierten Ländern die gesellschaftliche Entwicklung so weit gleichgemacht, daß in allen diesen Ländern Bourgeoisie und Proletariat die beiden entscheidenden Klassen der Gesellschaft, der Kampf zwischen beiden der Hauptkampf des Tages geworden. Die kommunistische Revolution wird daher keine bloß nationale, sie wird eine in allen zivilisierten Ländern, d. h. wenigstens in England, Amerika, Frankreich und Deutschland gleichzeitig vor sich gehende Revolution sein. Sie wird sich in jedem dieser Länder rascher oder langsamer entwickeln, je nachdem das eine oder das andere Land eine ausgebildetere Industrie, einen größe-

ren Reichtum, eine bedeutendere Masse von Produktivkräften besitzt. Sie wird daher in Deutschland am langsamsten und schwierigsten, in England am raschesten und leichtesten durchzuführen sein. Sie wird auf die übrigen Länder der Welt ebenfalls eine bedeutende Rückwirkung ausüben und ihre bisherige Entwicklungsweise gänzlich verändern und sehr beschleunigen. Sie ist eine universelle Revolution und wird daher auch ein universelles Terrain haben.

20. Frage: Was werden die Folgen der schließlichen Beseitigung des Privateigentums sein?
Antwort: Dadurch, daß die Gesellschaft die Benutzung sämtlicher Produktivkräfte und Verkehrsmittel sowie den Austausch und die Verteilung der Produkte den Händen der Privatkapitalisten entnimmt und nach einem aus den vorhandenen Mitteln und den Bedürfnissen der ganzen Gesellschaft sich ergebenden Plan verwaltet, werden vor allen Dingen alle die schlimmen Folgen beseitigt, welche jetzt noch mit dem Betrieb der großen Industrie verknüpft sind. Die Krisen fallen weg; die ausgedehnte Produktion, welche für die jetzige Ordnung der Gesellschaft eine Überproduktion und eine so mächtige Ursache des Elends ist, wird dann nicht einmal hinreichen und noch viel weiter ausgedehnt werden müssen. Statt Elend herbeizuführen, wird die Überproduktion über die nächsten Bedürfnisse der Gesellschaft hinaus die Befriedigung der Bedürfnisse aller sicherstellen, neue Bedürfnisse und zugleich die Mittel, sie zu befriedigen, erzeugen.

Sie wird die Bedingung und Veranlassung neuer Fortschritte sein, sie wird diese Fortschritte zustande bringen, ohne daß dadurch, wie bisher jedesmal, die Gesellschaftsordnung in Verwirrung gebracht werde. Die große Industrie, befreit von dem Druck des Privateigentums, wird sich in einer Ausdehnung entwickeln, gegen die ihre jetzige Ausbildung ebenso kleinlich erscheint wie die Manufaktur gegen die große Industrie unserer Tage. Diese Entwicklung der Industrie wird der Gesellschaft eine hinreichende Masse von Produkten zur Verfügung stellen, um damit die Bedürfnisse aller zu befriedigen. Ebenso wird der Ackerbau, der auch durch den Druck des Privateigentums und der Parzellierung daran verhindert wird, sich die schon gemachten Verbesserungen und wissenschaftlichen Entwicklungen anzueignen, einen ganz neuen Aufschwung nehmen und der Gesellschaft eine vollständig hinreichende Menge von Produkten zur Verfügung stellen.

Auf diese Weise wird die Gesellschaft Produkte genug hervorbringen, um die Verteilung so einrichten zu können, daß die Bedürfnisse aller Mitglieder befriedigt werden. Die Trennung der Gesellschaft in verschiedene, einander entgegengesetzte Klassen wird hiermit überflüssig. Sie wird aber nicht nur überflüssig, sie ist sogar unverträglich mit der neuen Gesellschaftsordnung. Die Existenz der Klassen ist hervorgegangen aus der Teilung der Arbeit, und die Teilung der Arbeit in ihrer bisherigen Weise fällt gänzlich weg. Denn um die industrielle und Ackerbauproduktion auf die geschilderte Höhe zu bringen, genügen die mechanischen und chemischen Hilfsmittel nicht allein; die Fähigkeiten der diese Hilfsmittel in Bewegung setzenden Menschen müssen ebenfalls in entsprechendem Maße entwickelt sein. Ebenso wie die Bauern und Manufakturarbeiter des vorigen Jahrhunderts ihre ganze Lebensweise veränderten und selbst ganz andere Menschen wurden, als sie in die große Industrie hineingerissen wurden, ebenso wird der gemeinsame Betrieb der Produktion durch die ganze Gesellschaft und die daraus folgende neue Entwicklung der Produktion ganz andere Menschen bedürfen und auch erzeugen. Der gemeinsame Betrieb der Produktion kann nicht durch Menschen geschehen wie die heutigen, deren jeder einem einzigen Produktionszweig untergeordnet, an ihn gekettet, von ihm ausgebeutet ist, deren jeder nur eine seiner Anlagen auf Kosten aller anderen entwickelt hat, nur einen Zweig oder nur den Zweig eines Zweiges der Gesamtproduktion kennt.

Schon die jetzige Industrie kann solche Menschen immer weniger gebrauchen. Die gemeinsam und planmäßig von der ganzen Gesellschaft betriebene Industrie setzt vollends Menschen voraus, deren Anlagen nach allen Seiten hin entwickelt sind, die imstande sind, das gesamte System der Produktion zu überschauen. Die durch die Maschinen schon jetzt untergrabene Teilung der Arbeit, die den einen zum Bauern, den anderen zum Schuster, den dritten zum Fabrikarbeiter, den vierten zum Börsenspekulanten macht, wird also gänzlich verschwinden. Die Erziehung wird die jungen Leute das ganze System der Produktion rasch durchmachen lassen können, sie wird sie in Stand setzen, der Reihe nach von einem zum andern Produktionszweig überzugehen, je nachdem die Bedürfnisse der Gesellschaft oder ihre eigenen Neigungen sie dazu veranlassen. Sie wird ihnen also den einseitigen Charakter nehmen, den die jetzige Teilung der Arbeit jedem einzelnen aufdrückt. Auf diese Weise wird die kommunistisch organisierte Gesellschaft ihren Mitgliedern Gelegenheit geben, ihre allseitig entwickelten Anlagen allseitig zu betätigen. Damit aber verschwinden notwendig auch die verschiedenen Klassen. So daß die kommunistisch organisierte Gesellschaft einerseits mit dem Bestand der Klassen unverträglich ist und andrerseits die Herstellung dieser Gesellschaft selbst die Mittel bietet, diese Klassenunterschiede aufzuheben.

Es geht hieraus hervor, daß der Gegensatz zwischen Stadt und Land ebenfalls verschwinden wird. Der Betrieb des Ackerbaues und der Industrie durch dieselben Menschen, statt durch zwei verschiedene Klassen, ist schon aus ganz materiellen Ursachen eine notwendige Bedingung der kommunistischen Assoziation. Die Zersplitterung der ackerbauenden Bevölkerung auf dem Lande, neben der Zusammendrängung der industriellen in den großen Städten, ist ein Zustand, der nur einer noch unentwickelten Stufe des Ackerbaues und der Industrie entspricht, ein Hindernis aller weiteren Entwicklung, das schon jetzt sehr fühlbar wird.

Die allgemeine Assoziation aller Gesellschaftsmitglieder zur gemeinsamen und planmäßigen Ausbeutung der Produktionskräfte, die Ausdehnung der Produktion in einem Grade, daß sie die Bedürfnisse aller befriedigen wird, das Aufhören des Zustandes, in dem die Bedürfnisse der einen auf Kosten der anderen befriedigt werden, die gänzliche Vernichtung der Klassen und ihrer Gegensätze, die allseitige Entwickelung der Fähigkeiten aller Gesellschaftsmitglieder durch die Beseitigung der bisherigen Teilung der Arbeit, durch die industrielle Erziehung, durch den Wechsel der Tätigkeit, durch die Teilnahme aller an den durch alle erzeugten Genüssen, durch die Verschmelzung von Stadt und Land – das sind die Hauptresultate der Abschaffung des Privateigentums.

21. Frage: Welchen Einfluß wird die kommunistische Gesellschaftsordnung auf die Familie ausüben?
Antwort: Sie wird das Verhältnis der beiden Geschlechter zu einem reinen Privatverhältnis machen, welches nur die beteiligten Personen angeht und worin sich die Gesellschaft nicht zu mischen hat. Sie kann dies, da sie das Privateigentum beseitigt und die Kinder gemeinschaftlich erzieht und dadurch die beiden Grundlagen der bisherigen Ehe, die Abhängigkeit des Weibes vom Mann und der Kinder von den Eltern vermittelst des Privateigentums, vernichtet. Hierin liegt auch die Antwort auf das Geschrei hochmoralischer Spießbürger gegen kommunistische Weibergemeinschaft. Die Weibergemeinschaft ist ein Verhältnis, was ganz der bürgerlichen Gesellschaft angehört und heutzutage in der Prostitution vollständig besteht. Die Prostitution beruht aber auf dem Privateigentum und fällt mit ihm. Die kommunistische Organisation also, statt die Weibergemeinschaft einzuführen, hebt sie vielmehr auf.

22. *Frage: Wie wird die kommunistische Organisation sich zu den bestehenden Nationalitäten verhalten?*
– bleibt

23. *Frage: Wie wird sie sich zu den bestehenden Religionen verhalten?*
– bleibt

24. *Frage: Wie unterscheiden sich die Kommunisten von den Sozialisten?*
Antwort: Die sogenannten Sozialisten teilen sich in drei Klassen. Die erste Klasse besteht aus Anhängern der feudalen und patriarchalischen Gesellschaft, welche durch die große Industrie, den Welthandel und die durch beide geschaffene Bourgeoisgesellschaft vernichtet worden ist und noch täglich vernichtet wird. Diese Klasse zieht aus den Übeln der jetzigen Gesellschaft den Schluß, daß die feudale und patriarchalische Gesellschaft wiederhergestellt werden müsse, weil sie von diesen Übeln frei war. Alle ihre Vorschläge gehen auf graden oder krummen Wegen diesem Ziele zu. Diese Klasse reaktionärer Sozialisten wird trotz ihrer angeblichen Teilnahme und heißen Tränen für das Elend des Proletariats dennoch stets von den Kommunisten energisch angegriffen werden, denn
1. erstrebt sie etwas rein Unmögliches;
2. sucht sie die Herrschaft der Aristokratie, der Zunftmeister und Manufakturisten mit ihrem Gefolge von absoluten oder feudalen Königen, Beamten, Soldaten und Pfaffen herzustellen, eine Gesellschaft, die zwar von den Übelständen der jetzigen Gesellschaft frei

war, dafür aber wenigstens ebensoviel andere Übel mit sich führte und nicht einmal die Aussicht auf die Befreiung der unterdrückten Arbeiter durch eine kommunistische Organisation darbot;
3. kehrt sie ihre wirklichen Absichten jedesmal heraus, wenn das Proletariat revolutionär und kommunistisch wird, wo sie sich dann sogleich mit der Bourgeoisie gegen die Proletarier verbündet.

Die zweite Klasse besteht aus Anhängern der jetzigen Gesellschaft, welchen die aus dieser notwendig hervorgehenden Übel Befürchtungen für den Bestand dieser Gesellschaft erweckt haben. Sie streben also danach, die jetzige Gesellschaft beizubehalten, aber die mit ihr verbundenen Übel zu beseitigen. Zu diesem Zweck schlagen die einen bloße Wohltätigkeitsmaßregeln vor, die anderen großartige Reformsysteme, welche unter dem Vorwand, die Gesellschaft zu reorganisieren, die Grundlagen der jetzigen Gesellschaft und damit die jetzige Gesellschaft beibehalten wollen. Diese Bourgeoissozialisten werden ebenfalls von den Kommunisten fortwährend bekämpft werden müssen, denn sie arbeiten für die Feinde der Kommunisten und verteidigen die Gesellschaft, welche die Kommunisten gerade stürzen wollen.

Die dritte Klasse endlich besteht aus demokratischen Sozialisten, welche auf demselben Wege wie die Kommunisten einen Teil der in Frage 18 angegebenen Maßregeln wollen, aber nicht als Übergangsmittel zum Kommunismus, sondern als Maßregeln, welche hinreichend sind, um das Elend aufzuheben und die Übel der jetzigen

Gesellschaft verschwinden zu machen. Diese demokratischen Sozialisten sind entweder Proletarier, die über die Bedingungen der Befreiung ihrer Klasse noch nicht hinreichend aufgeklärt sind, oder sie sind Repräsentanten der Kleinbürger, einer Klasse, welche bis zur Erringung der Demokratie und der aus ihr hervorgehenden sozialistischen Maßregeln in vieler Beziehung dasselbe Interesse haben wie die Proletarier. Die Kommunisten werden deshalb in den Momenten der Handlung sich mit diesen demokratischen Sozialisten zu verständigen und überhaupt mit ihnen für den Augenblick möglichst gemeinsame Politik zu befolgen haben, sofern diese Sozialisten nicht in den Dienst der herrschenden Bourgeoisie treten und die Kommunisten angreifen. Daß diese gemeinsame Handlungsweise die Diskussion der Differenzen mit ihnen nicht ausschließt, ist klar.

25. Frage: Wie verhalten sich die Kommunisten zu den übrigen politischen Parteien unserer Zeit?
Antwort: Dies Verhältnis ist verschieden in den verschiedenen Ländern.

In England, Frankreich und Belgien, wo die Bourgeoisie herrscht, haben die Kommunisten vorderhand noch ein gemeinsames Interesse mit den verschiedenen demokratischen Parteien, und zwar ein um so größeres, je mehr die Demokraten sich in den jetzt überall von ihnen vertretenen sozialistischen Maßregeln dem Ziele der Kommunisten nähern, d. h., je deutlicher und bestimmter sie die Interessen des Proletariats vertreten und je mehr sie sich auf das Proletariat stützen. In England z. B.

stehen die aus Arbeitern bestehenden Chartisten den Kommunisten unendlich näher als die demokratischen Kleinbürger oder sogenannten Radikalen.

In Amerika, wo die demokratische Verfassung eingeführt ist, werden die Kommunisten sich mit der Partei halten müssen, welche diese Verfassung gegen die Bourgeoisie wenden und im Interesse des Proletariats benutzen will, d. h. mit den agrarischen Nationalreformers.

In der Schweiz sind die Radikalen, obwohl selbst eine noch sehr gemischte Partei, dennoch die einzigen, mit welchen die Kommunisten sich einlassen können, und unter diesen Radikalen sind wieder die waadtländischen und Genfer die am weitesten fortgeschrittenen.

In Deutschland endlich steht der entscheidende Kampf zwischen der Bourgeoisie und der absoluten Monarchie erst bevor. Da aber die Kommunisten nicht eher auf den entscheidenden Kampf zwischen ihnen selbst und der Bourgeoisie rechnen können, als bis die Bourgeoisie herrscht, so ist es das Interesse der Kommunisten, die Bourgeois sobald als möglich an die Herrschaft bringen zu helfen, um sie sobald wie möglich wieder zu stürzen. Die Kommunisten müssen also, gegenüber den Regierungen, stets für die liberalen Bourgeois Partei ergreifen und sich nur davor hüten, die Selbsttäuschungen der Bourgeois zu teilen oder ihren verführerischen Versicherungen von den heilsamen Folgen des Siegs der Bourgeoisie für das Proletariat Glauben zu schenken. Die einzigen Vorteile, welche der Sieg der Bourgeoisie den Kommunisten bringen wird, werden bestehen: 1. in verschiedenen Konzessionen, welche den

Kommunisten die Verteidigung, Diskussion und Verbreitung ihrer Grundsätze und damit die Vereinigung des Proletariats zu einer eng verbündeten, kampfbereiten und organisierten Klasse erleichtern; und 2. in der Gewißheit, daß von dem Tage, wo die absoluten Regierungen fallen, der Kampf zwischen Bourgeois und Proletariern an die Reihe kommt. Von diesem Tage an wird die Parteipolitik der Kommunisten dieselbe sein wie in den Ländern, wo die Bourgeoisie jetzt schon herrscht.

Friedrich Engels

Anmerkung: Die Fragen 9, 22 und 23, bleiben unbeantwortet. Da 22 und 23 mit »bleibt« kommentiert sind, ist davon auszugehen, dass es sich bei dem Manuskript um die Bearbeitung eines bisher nicht aufgefundenen Programmentwurfs handelt.

Kölner Flugblatt von 1848
Forderungen der kommunistischen Partei
in Deutschland

„Proletarier aller Länder, vereinigt euch!"

1. Ganz Deutschland wird zu einer einigen, unteilbaren Republik erklärt.

2. Jeder Deutsche, der 21 Jahre alt, ist Wähler und wählbar, vorausgesetzt, daß er keine Kriminalstrafe erlitten hat.

3. Die Volksvertreter werden besoldet, damit auch der Arbeiter im Parlament des deutschen Volkes sitzen könne.

4. Allgemeine Volksbewaffnung. Die Armeen sind in Zukunft zugleich Arbeiter-Armeen, so daß das Heer nicht bloß, wie früher, verzehrt, sondern noch mehr produziert, als seine Unterhaltungskosten betragen.
   Dies ist außerdem ein Mittel zur Organisation der Arbeit.

5. Die Gerechtigkeitspflege ist unentgeltlich.

6. Alle Feudallasten, alle Abgaben, Frohnden, Zehnten, u.s.w., die bisher auf dem Landvolke lasteten, werden ohne irgendeine Entschädigung abgeschafft.

7. Die fürstlichen und anderen feudalen Landgüter, alle Bergwerke, Gruben u.s.w. werden in Staatseigentum umgewandelt. Auf diesen Landgütern wird der Ackerbau im großen und mit den modernsten Hilfsmitteln der Wissenschaft zum Vorteil der Gesamtheit betrieben.

8. Die Hypotheken auf den Bauerngütern werden für Staatseigentum erklärt. Die Interessen für jene Hypotheken werden von den Bauern an den Staat gezahlt.

9. In den Gegenden, wo das Pachtwesen entwickelt ist, wird die Grundrente oder der Pachtschilling als Steuer an den Staat gezahlt.

Alle diese unter 6, 7, 8 und 9 angegebenen Maßregeln werden gefaßt, um öffentliche und andere Lasten der Bauern und kleinen Pächter zu vermindern, ohne die zur Bestreitung der Staatskosten nötigen Mittel zu schmälern und ohne die Produktion selbst zu gefährden.

Der eigentliche Grundeigentümer, der weder Bauer noch Pächter ist, hat an der Produktion gar keinen Anteil. Seine Konsumtion ist daher ein bloßer Mißbrauch.

10. An die Stelle aller Privatbanken tritt eine Staatsbank, deren Papier gesetzlichen Kurs hat.

Diese Maßregel macht es möglich, das Kreditwesen im Interesse des ganzen Volkes zu regeln und untergräbt damit die Herrschaft der großen Geldmänner. Indem sie nach und nach Papiergeld an die Stelle von Gold und Silber setzt, verwohlfeilert sie das unentbehrliche Instrument des bürgerlichen Verkehrs, das allgemeine Tauschmittel, und erlaubt, das Gold und Silber nach außen hin wirken zu lassen. Diese Maßregel ist schließlich notwendig, um die Interessen der konservativen Bourgeois an die Regierung festzuschmieden.

11. Alle Transportmittel: Eisenbahnen, Kanäle, Dampfschiffe, Wege, Posten u. s. w. nimmt der Staat in seine Hand. Sie werden in Staatseigentum umgewandelt und der unbemittelten Klasse zur unentgeltlichen Verfügung gestellt.

12. In der Besoldung sämtlicher Staatsbeamten findet kein anderer Unterschied statt, als der, daß diejenigen mit Familie, also mit mehr Bedürfnissen, auch ein höheres Geld beziehen als die übrigen.

13. Völlige Trennung der Kirche vom Staat. Die Geistlichen aller Konfessionen werden lediglich von ihrer freiwilligen Gemeinde besoldet.

14. Beschränkung des Erbrechts.

15. Einführung von starken Progressivsteuern und Abschaffung der Konsumtionssteuern.

16. Errichtung von Nationalwerkstätten. Der Staat

garantiert allen Arbeitern ihre Existenz und versorgt die zur Arbeit Unfähigen.

17. Allgemeine, unentgeltliche Volkserziehung.

Es liegt im Interesse des deutschen Proletariats, des kleinen Bürger- und Bauernstandes, mit aller Energie an der Durchsetzung obiger Maßregeln zu arbeiten. Denn nur durch Verwirklichung derselben können die Millionen, die bisher in Deutschland von einer kleinen Zahl ausgebeutet wurden und die man weiter in der Unterdrückung zu erhalten suchen wird, zu ihrem Recht und zu derjenigen Macht gelangen, die ihnen, als den Hervorbringern alles Reichtums, gebührt.

Das Komitee: Karl Marx, Karl Schapper, H. Bauer,
F. Engels, J. Moll, W. Wolff

Slavoj Žižek
Absoluter Gegenstoß
Versuch einer Neubegründung
des dialektischen Materialismus
Aus dem Englischen von Frank Born
656 Seiten. Gebunden

In seinem neuen Buch unternimmt der bekannte Philosoph und Kulturkritiker Slavoj Žižek nichts weniger als eine neue Grundlegung des philosophischen Materialismus – um ihn für die neuen politischen und theoretischen Herausforderungen fit zu machen. Materialismus up to date!

Das gesamte Programm gibt es unter
www.fischerverlage.de

Slavoj Žižek
Was ist ein Ereignis?
Aus dem Englischen von Karen Genschow
208 Seiten. Gebunden

Was ist ein Ereignis? Der international gefeierte Philosoph und Kulturkritiker Slavoj Žižek beantwortet diese Frage, indem er unterschiedliche Formen des Ereignisses in Philosophie und Psychoanalyse untersucht und die Frage auf ihren wesentlichen Kern zuspitzt: Was ist ein politisches Ereignis?

»Es ist diese unnachahmliche Mischung aus analytischer Kraft und dialektischem Denken, die Žižek selbst immer wieder zum Ereignis macht.«
Ingo Arend, Deutschlandradio Kultur

Das gesamte Programm gibt es unter
www.fischerverlage.de

Slavoj Žižek
Ärger im Paradies – Vom Ende der Geschich
zum Ende des Kapitalismus
Aus dem Englischen von Karen Genschow
288 Seiten. Gebunden

Der Kommunismus ist tot. Der Kapitalismus ist das
Paradies. Doch warum gibt es dann so viel Ärger dort
seinem neuen Buch analysiert der »gefährlichste Philos
des Westens« (New Republic) den Zustand der Welt nach
angeblichen Ende der Geschichte und zeigt, dass das w
Abenteuer immer noch der Kampf um Emanzipation ist -
kommunistischer Perspektive, natürlich. Mit Batman, M
und Lacan, mit Gangnam Style, Lubitsch und Prokofjew z
Žižek, dass unsere Helden Julian Assange, Chelsea Man:
und Edward Snowden sein sollten – und dass die Idee
Kommunismus noch lange nicht ausgedient hat.

»Sein furioser Ritt durch Theorie und Praxis,
durch Philosophie, Psychoanalyse, Theologie, Film
und Popmusik ist einmal mehr ein intellektuelles
und sprachliches Ereignis.«
Patric Seibel, MDR Figaro

»Žižek legt offen, was viele diffus ahnen:
Das System steckt voller Widersprüche.
Ein Buch, das unruhig macht.«
Chrismon Plus

Das gesamte Programm gibt es unter
www.fischerverlage.de

Karl Marx
Das große Lesebuch
Herausgegeben von Iring Fetscher
Band 90002

Wer die Gegenwart verstehen will, kommt an Karl Marx nicht vorbei. Nach dem Zusammenbruch des real existierenden Sozialismus von vielen für tot erklärt, ist er heute aktueller denn je. Ob Globalisierung, Neoliberalismus oder Herrschaft der Monopole – zu jedem dieser Stichworte unserer Zeit hat Karl Marx bereits im 19. Jahrhundert hellsichtige Analysen vorgelegt. Dieses Lesebuch breitet das gesamte Spektrum seiner bahnbrechenden Kapitalismuskritik aus. Es wirft aber auch immer wieder interessante Seitenblicke auf diesen großen Denker und politischen Publizisten, der von sich selbst sagte, er sei kein Marxist.

Das gesamte Programm von Fischer Klassik finden Sie unter:
www.fischer-klassik.de

Fischer Taschenbuch Verlag

Gareth Stedman Jones
Karl Marx
Die Biographie
Aus dem Englischen von
Thomas Atzert und Andreas Wirthensohn
890 Seiten. Gebunden

Karl Marx war kein Marxist – zum Marxisten haben ihn andere gemacht. Indem Gareth Stedman Jones Leben und Werk von Marx konsequent aus seinem Kontext im 19. Jahrhundert beschreibt, gelingt ihm eine faszinierende neue Deutung dieses epochemachenden Denkers. Endlich verstehen wir Marx' Entwicklung aus seiner Zeit heraus und wie er die Gedanken von Kant, Hegel, Feuerbach, Ricardo und anderen zu neuen Ideen schmiedete. In einer Epoche des industriellen und politischen Umbruchs erscheint Marx als Zeitgenosse, der versucht, Antworten auf die neuen Herausforderungen zu finden. Antworten, von denen er nicht ahnen konnte, wie sehr sie die Welt verändern würden.

»Viel mehr als das, was man von einer Biografie erwartet.«
Rudolf Walther, taz

»Eine zuverlässigere, ideengeschichtlich komplettere und kompetentere Darstellung wird man schwerlich finden.«
Gerd Koenen, Frankfurter Allgemeine Zeitung

»Entdeckungen, die es in sich haben.«
Cord Riechelmann, Frankfurter Allgemeine Sonntagszeitung

Das gesamte Programm gibt es unter
www.fischerverlage.de